AF249301

# CONGRÈS DE LA PAIX,

## A BRUXELLES.

# CONGRÈS

DE

# AMIS DE LA PAIX UNIVERSELLE,

RÉUNI A BRUXELLES,

EN 1848.

SÉANCES DES 20, 21 ET 22 SEPTEMBRE.

Bruxelles,

IMPRIMERIE DE TH. LESIGNE.

1849

Il y a des hommes courageux dans leurs convictions, qui n'hésitent pas à dévouer leur existence au triomphe des idées qu'ils croient justes et utiles au monde. Pénétrés du sentiment d'un grand devoir, il ne se laissent point rebuter par les difficultés, ne s'émeuvent ni des railleries ni des outrages, n'épargnent ni soins, ni peines, ni fortune pour atteindre leur but, et puisent dans leur persévérance, dans leur calme énergie, dans la puissance des vérités qu'ils proclament, la certitude du succès de leurs généreux efforts.

Des hommes se sont trouvés qui se sont dit dans leur conscience La guerre est la plus douloureuse des calamités dont l'humanité est affligée : la guerre doit être abolie! Qu'importe que les générations qui se succèdent sur la terre jettent, avant de disparaître, un vain anathème contre les luttes impies qui désolent les nations ; la guerre ne poursuit pas moins le cours de ses ravages, et la guerre doit être abolie ! Il est temps de substituer l'action à la parole, de traduire le principe en fait, de réaliser les vagues désirs de l'humanité. Abandonnons une voie jusqu'ici trop stérile ; prenons une initiative hardie ; appelons à nous les hommes de bonne volonté qui, comme nous, gémissent des maux de la guerre, mais n'ont encore su que gémir ; provoquons-les à s'entendre et à s'unir pour une cause juste et sainte ; ils ne tarderont pas à reconnaître que l'union est la puissance, et bientôt un concert de protestations s'élevant de tous les points du globe étouffera le bruit retentissant des armes sous le cri universellement répété : La guerre doit être abolie !

Ce que ces hommes se sont dit, ils l'ont fait, et ils marchent avec fermeté dans la voie qu'ils se sont tracée. Missionnaires de la paix, ils n'ont cessé de l'invoquer en face des peuples armés pour se combattre, en face même de ceux que la victoire avait comblés de ses faveurs. L'Amérique du nord a entendu la première voix qui a réclamé l'abolition de la guerre ; cette voix, traversant l'Atlantique, a trouvé en Angleterre de nombreux échos. Aux États-Unis, dans la Grande-Bretagne, des sociétés se sont formées pour propager cette inspiration de nobles cœurs, pour prêter un entier concours aux apôtres de la paix constituée. Aujourd'hui le but est assigné, les moyens de l'atteindre sont définis, la pensée a pris un corps. Grâce au dévouement sans réserve de M. Elihu Burritt, grâce au zèle éclairé de ses coopérateurs, l'établissement d'un solide système de relations pacifiques entre les nations n'est plus, dans la conviction raisonnée d'un grand nombre d'hommes aux États-Unis et en Angleterre, une chimère et une impossibilité. Des *meetings*, où se sont rencontrés des hommes considérables par leur position sociale, par leur intelligence élevée, par leur caractère digne de tous les respects, ont proclamé la nécessité de l'abolition de la guerre. L'enceinte du Parlement lui-même a retenti des accents de Richard Cobden, qui a résolûment transporté le principe du domaine de la spéculation dans le domaine de la politique active. Le principe est en marche, il fera son chemin.

Encouragé par de si éclatants succès, M. Elihu Burritt conçut la pensée de planter la bannière de la paix sur le continent de l'Europe. Au mois d'août 1848, M. Burritt adressa une circulaire à plusieurs des hommes éminents qui partagent ses opinions, pour réclamer leur avis sur la convenance et l'opportunité de cette mesure. Un Congrès auquel on aurait convoqué les hommes qui, en Angleterre et dans d'autres pays, adhèrent au système des relations pacifiques entre les peuples, aurait été réuni à Paris.

Le comité de la Société de la Paix, établie à Londres, approuva le projet après une longue et sérieuse délibération, et résolut de concourir à son exécution de la manière la plus active. Un grand nombre d'amis de la paix envoyèrent leur adhésion et firent connaître qu'ils étaient disposés à prendre part aux travaux du Congrès.

### Visite de M. Burritt à Paris.

M. Burritt partit le 14 août pour Paris, afin d'obtenir du gouvernement français l'autorisation de réunir le Congrès. Le ministre des États-Unis lui prêta son concours, et M. Burritt adressa au ministre de l'intérieur une lettre dans laquelle il exposait les vues des amis de la paix et sollicitait l'autorisation nécessaire.

Cette première démarche fut bien accueillie, mais M. Burritt ne tarda pas à reconnaître que les circonstances n'étaient pas favorables au succès de sa mission et que l'opinion publique se méprendrait peut-être sur le caractère du Congrès. C'est ce qu'une lettre de M. Burritt fit savoir à un comité composé des délégués des Sociétés de la Paix de Londres, de Manchester et de Birmingham; ce comité, après un mûr examen, résolut de ne plus insister sur la réunion du Congrès à Paris, et d'envoyer à Bruxelles une députation pour prendre des renseignements sur les moyens d'organiser la réunion dans cette capitale.

### Députation à Bruxelles.

La députation, composée de MM. John Scoble, de Londres, et George Bradshaw, de Manchester, obtint du ministre belge en Angleterre des lettres d'introduction auprès de M. Charles Rogier, ministre de l'intérieur en Belgique. Le comité écrivit à M. Burritt pour l'inviter à se rendre à Bruxelles, où il se joindrait à la députation et agirait de concert avec elle. La députation fut présentée par les ministres d'Angleterre et des États-Unis à M. Rogier, qui l'accueillit de la manière la plus affable et promit que le gouvernement accorderait toutes les facilités qu'il serait en son pouvoir de donner pour la réunion du Congrès. Il fut convenu que les visiteurs anglais recevraient du ministre belge à Londres un passe-port général, que l'examen des bagages aux douanes leur serait évité moyennant certaines formalités. M. le ministre de l'intérieur eut, de plus, la bienveillance d'écrire à l'administration de la Société royale de la Grande-Harmonie pour la prier de mettre la magnifique salle de cette société à la disposition du Congrès, et la direction du chemin de fer de l'État reçut des instructions à l'effet d'organiser un train spécial qui transportât les délégués anglais d'Ostende à Bruxelles.

M. le ministre de l'intérieur écrivit une lettre à M. Auguste Visschers, conseiller au conseil des mines, pour le prier de prêter son actif concours à la députation et de la mettre à même de réaliser l'objet de sa mission. M. Visschers, accédant au désir du ministre, s'entendit avec la députation, et convoqua, le 10 septembre, dans l'un des salons du ministère de l'intérieur, un certain nombre de personnes recommandables, auxquelles il fit part du projet et qu'il invita à se concerter avec lui.

Dans cette réunion, un comité d'organisation fut nommé : il se composait de MM. Aug. Visschers, *président*; Van Hoorebeke, membre de la Chambre des représentants; Ed. Stevens, secrétaire général du département de l'intérieur; le baron de Reiffenberg, conservateur de la Bibliothèque royale; Alvin, directeur de la division de l'instruction publique; Ducpetiaux, inspecteur général des prisons et des établissements de bienfaisance; Ad. Roussel, avocat; Lehardy de Beaulieu, ingénieur civil, et Ph. Bourson, directeur au département de la justice, *secrétaire*.

Ce comité d'organisation, auquel s'adjoignirent les membres de la députation, tint de nombreuses séances où l'on s'occupa avec activité de tous les préparatifs du Congrès.

On fixa la réunion du Congrès au 20 septembre; des lettres de convocation furent envoyées en Belgique, en France, en Hollande et en Allemagne. Les réponses qui parvinrent au comité ne laissèrent plus de doute sur le succès de cette entreprise.

### Départ des délégués anglais de Londres.

Les délégués des sociétés anglaises, les visiteurs volontaires et les dames qui voulaient montrer, par leur présence, l'intérêt qu'elles portaient au Congrès, se réunirent le 18 septembre, sous la présidence de M. Joseph Sturge, dans la grande salle du Commerce, à Londres, pour prendre des dispositions définitives. Deux membres reçurent la mission de se rendre le même jour à Ostende, afin de faire dans cette ville les préparatifs de réception nécessaires; et le 19, à deux heures du matin, cent soixante personnes, parmi lesquelles étaient trente dames, s'embarquèrent à Blackwall devant le Brunswick-Hôtel, sur le bateau à vapeur *la Girafe*, frété exprès par la réunion pour ce voyage.

Un épais brouillard qui s'était élevé dans la nuit força le capitaine du bateau à vapeur à jeter l'ancre dans la Tamise; ce ne fut qu'à neuf heures du matin que le départ put avoir lieu. Une immense bannière blanche, symbole de la paix, était hissée sur le grand mât auprès du pavillon britannique. En descendant le fleuve, *la Girafe* rencontra un grand nombre de navires, entre autres des navires de guerre, dont les équipages saluèrent de leurs hourras les amis de la paix.

A peine *la Girafe* avait passé Gravesend, que les Anglais, fidèles en tous lieux à leurs habitudes, tinrent sur le pont un meeting présidé par M. J. Sturge. Plusieurs orateurs prirent la parole et prononcèrent des discours fort applaudis sur l'objet de leur voyage.

*La Girafe* entra le soir dans le port d'Ostende; les honorables voyageurs partirent le lendemain matin par un convoi spécial pour

Bruxelles, où ils arrivèrent à dix heures et demie. Le président et les membres du comité d'organisation étaient à la station pour les recevoir. Les délégués gagnèrent aussitôt les logements qui leur avaient été préparés, après s'être donné rendez-vous, à une heure, dans la salle de la Société royale de la Grande-Harmonie, où le Congrès allait se réunir.

# CONGRÈS DES AMIS DE LA PAIX UNIVERSELLE.

PREMIÈRE SÉANCE. — 20 SEPTEMBRE, AU MATIN.

Le Congrès siége dans la belle salle de la Société de la Grande-Harmonie. La salle est décorée avec goût. Dans le fond, derrière le bureau, s'élève une statue allégorique, tenant une ruche à la main : à ses pieds sont groupés les divers attributs des sciences, des arts, de l'agriculture et du commerce. Le tout est encadré d'arbustes, de guirlandes de fleurs et de drapeaux aux couleurs nationales de la Belgique. En avant est placé le buste du Roi. Tout autour de la salle se balancent les bannières de l'Angleterre, de la France, des États-Unis, de l'Allemagne, de la Hollande et de l'Italie.

A une heure et demie, les membres du bureau viennent prendre leurs places.

M. Aug. Visschers occupe le fauteuil de la présidence; il est assisté de MM. Bourson et Lehardy de Beaulieu, secrétaires.

M. VISSCHERS. — Messieurs, les membres invités à assister à cette réunion ont reçu le programme et le projet de règlement d'ordre intérieur. M. le secrétaire vous donnera lecture des noms des personnes qui ont adhéré aux principes du Congrès; mais avant de donner la parole à M. le secrétaire, permettez-moi d'adresser des remerciments sincères et solennels aux représentants des Sociétés anglaises et américaines, qui ont eu l'idée de cette réunion, et aux autres personnes étrangères à la Belgique, qui ont bien voulu se rendre à notre invitation. En le faisant, je crois être l'expression entière des sentiments du pays auquel j'appartiens. (*Applaudissements.*)

M. BOURSON donne lecture de la liste des adhérents à Bruxelles.

M. SCOBLE donne lecture de la liste des adhérents anglais et américains. (Nous remarquons dans cette liste un grand nombre de membres qui représentent chacun une ville entière, dont ils sont les délégués.) Dans le nombre des membres de l'association figurent des membres du Parlement anglais. Le nom de M. Cobden est salué par d'unanimes acclamations.

M. VISSCHERS invite l'assemblée à vouloir bien procéder à la nomination d'un président et de quatre vice-présidents; ces derniers choisis dans les quatre nationalités, savoir : la France, l'Angleterre, les États-Unis et l'Allemagne.

M. SCOBLE, après avoir exprimé son regret de ne pouvoir s'adresser à l'auditoire en français, propose à l'assemblée de nommer aux fonctions de président M. Auguste Visschers, président provisoire du Congrès. Il rend hommage aux qualités de M. Visschers, qui, dit-il, présidera la solennité avec la fermeté et la courtoisie si nécessaires à celui qui est appelé à diriger les débats d'une assemblée délibérante. (*Applaudissements.*)

M. ELIHU BURRITT, dont la présence à la tribune est saluée par des applaudissements prolongés, appuie la nomination de M. Visschers.

M. A. ROUSSEL. — Messieurs, je proposerai comme vice-président pour l'Angleterre, M. William Ewart, membre du Parlement anglais, et dont nous avons entendu la parole éloquente au dernier Congrès des Économistes; pour la France, M. Francisque Bouvet, représentant du peuple à l'Assemblée nationale. Pour les États-Unis, qui pourrais-je choisir, sinon l'apôtre de la paix universelle, l'honorable M. Elihu Burritt? (*Applaudissements prolongés.*) Et enfin pour la Hollande et l'Allemagne, M. Suringar, que nous avons déjà entendu au Congrès pénitentiaire plaider avec tant de chaleur la cause de l'humanité. (*Applaudissements.*)

M. E. VAN HOOREBEKE, membre de la Chambre des représentants. — Je demande la parole seulement pour appuyer de la manière la plus franche, la plus cordiale, la plus fraternelle, les propositions qui viennent de vous être faites par M. Roussel, mon ami. Je désire que l'assemblée vote par acclamation les quatre vice-présidents qui viennent d'être proposés.

M. SCOBLE appuie cette proposition.

M. SURINGAR (*applaudissements*). — Je suis le seul Hollandais qui se trouve ici. On m'a nommé vice-président : j'accepte pour la Hollande, car la Hollande est amie de la paix, et elle veut la conserver à des conditions honnêtes et raisonnables. Mais en ce qui concerne l'Allemagne, je ne puis accepter; la Hollande ne fait pas partie de l'Allemagne. C'est un royaume distinct; c'est pourquoi je demande à n'être considéré que comme représentant de la Hollande.

M. SCOBLE rend hommage aux scrupules de M. Suringar, et pense qu'on doit le nommer vice-président comme représentant de la Hollande. (*Applaudissements.*)

M. BUCKINGHAM, ancien membre du Parlement, propose comme secrétaires MM. Boursou et Lehardy de Beaulieu pour la Belgique, M. Edmond Fry pour l'Angleterre, et M. Henri Clapp pour les États-Unis.

M. ALAIN appuie cette proposition.

Les vice-présidents et les secrétaires prennent place au bureau, aux deux côtés du président.

M. SCOBLE. — Mon but, en prenant la parole, est de proposer à l'assemblée de garder un moment le silence afin de se recueillir pour implorer les bénédictions du ciel sur les travaux du Congrès. Nous ne sommes pas seulement réunis pour défendre la cause de la Paix, mais pour implorer les bénédictions du Dieu de la Paix sur nos travaux. (*Moment de recueillement.*)

M. LE PRÉSIDENT prononce le discours suivant :

Messieurs,

Appelé à la présidence de cette assemblée, je sens trop bien ma faiblesse pour ne pas réclamer votre indulgence et votre appui. Lorsque tant d'hommes distingués pourraient occuper plus convenablement que moi ce fauteuil, vous avez cru que celui qui, à leur arrivée à Bruxelles, avait accueilli messieurs les délégués des Sociétés anglaises et américaines ; qui, par ses faibles efforts, aidé de quelques amis, avait préparé cette réunion, devait aussi la présider. En acceptant un fardeau trop lourd pour mes forces, je compte sur votre bienveillance : un président, tout en dirigeant les débats, doit faire respecter le règlement ; il n'est fort que par la volonté et par le concours de l'assemblée.

Ce *Congrès des amis de la Paix universelle* est le premier qui ait été tenu sur le continent européen. Permettez-moi, messieurs, d'en retracer rapidement le but, et de rappeler les efforts des Sociétés anglaises et américaines de la Paix, pour l'avancement de leurs idées de fédération universelle et de paix entre les peuples.

Ce fut au sortir des longues guerres qui signalèrent la fin du siècle dernier et le commencement de ce siècle, que la première Société de la Paix fut créée à New-York, dans le courant de l'année 1815. La Société de Londres s'organisa le 14 juin 1816. On compte plusieurs associations auxiliaires en Angleterre, dans le pays de Galles, en Écosse et en Irlande. Les États-Unis, de même, possèdent plusieurs sociétés, entre autres la *Société américaine de la Paix*, fondée le 8 mai 1828.

A Genève, M. le comte de Sellon forma, en 1830, une Société de la Paix. Il fit élever, dans ses jardins, au bord du lac Léman, un obélisque pour consacrer cet événement.

Le 24 mars 1841, la Société de la Morale chrétienne institua dans son sein, à Paris, un comité de la Paix. Une Société nouvelle s'est établie, peu de temps après, dans cette capitale, sous le nom de *Société de la paix de Paris*. Suivant l'exemple du comte de Sellon, les sociétés d'Amérique de Londres et de Paris, ouvrirent des concours. Plusieurs mémoires furent couronnés et publiés. Ils renferment, en général, des vues excellentes.

La Société de Londres a fondé un journal mensuel, intitulé *le Héraut de la Paix (Herald of Peace).*

Le 22 juin 1843, s'est réuni à Londres un Congrès de la Paix, composé de membres délégués des sociétés d'Europe et d'Amérique. M. Charles Hindley, membre du Parlement et orateur distingué, dont nous regrettons vivement l'absence, y occupait le fauteuil. L'assemblée adopta, à l'unanimité, la proposition d'une adresse à tous les gouvernements civilisés, pour les prier d'introduire, dans leurs traités, une clause par laquelle ils s'engagent, en cas de dissentiment, à s'en rapporter à la médiation de puissances amies. Ce manifeste fut transmis à cinquante-quatre gouvernements, dans les deux hémisphères. Une députation eut l'honneur de le remettre à S. M. Léopold, Roi des Belges, dans une audience que ce prince lui accorda à Londres, le 5 juillet 1843.

Bien que notre pays compte, depuis quelques années, deux sociétés fondées, à Bruxelles et à Mons, sur les mêmes principes que la Société de Londres, jusqu'ici l'on connaissait fort peu, en Belgique, les travaux des philanthropes éminents qui se proposent d'amener dans une ère nouvelle le triomphe de la paix et de l'intelligence, à substituer à l'esprit de conquête et de domination.

Un illustre homme d'État anglais, Bacon, a déjà proclamé, il y a plus de deux siècles, que le pouvoir des sociétés humaines, c'est l'intelligence ; ce pouvoir s'élève et s'abaisse avec elle. La *parole* est plus puissante que l'*épée.* Nous ne voulons point le suicide des nations. Il faut être fort pour être respecté. Mais il y a une force, une puissance, plus redoutable que les canons et les baïonnettes, l'*opinion publique. (Marques d'assentiment.)*

Ainsi que le monde physique, le monde moral a ses lois, souvent encore indéfinies. Dans ses évolutions, l'humanité suit une marche qui révèle la grande pensée du Créateur : c'est le progrès. Le monde moral, comme le monde matériel, a ses types organiques ; la pensée humaine se moule, prend une forme pour un temps ; puis, quand ce temps est écoulé, elle brise la forme pour en revêtir une nouvelle. La pensée humaine grandit toujours ; elle a commencé l'association, la fédération, entre des familles ou des tribus ; elle se proposera un jour, elle se propose dès maintenant, la fédération de la grande famille humaine. (*Applaudissements.*)

Ainsi l'antiquité nous révèle l'existence d'un *Conseil amphictyonique,* sénat suprême, appelé à régler tous les différends qui pouvaient s'élever entre les républiques confédérées de la Grèce. Tant qu'il exista, ce sénat fut juste et respecté. Les intrigues de Philippe de Macédoine amenèrent sa chute; mais il avait, pendant quinze siècles, contribué au bonheur de la Grèce.

D'autres ligues, également célèbres, celles des *Achéens* et des *Lyciens*, constituèrent un tribunal pour régler leurs différends.

Les XIIIᵉ et XIVᵉ siècles nous montrent des exemples analogues dans l'établissement de la *Hanse teutonique* et de l'*Union helvétique*. Ces ligues étaient formées d'États indépendants avec une Diète générale.

Henri IV, messieurs, ce roi « dont le peuple a gardé la mémoire, » avait conçu un vaste système d'association d'États, une fédération européenne. Les *Mémoires* de Sully nous donnent, à cet égard, de précieux détails. Le jugement des différends eût été également soumis à l'arbitrage d'un sénat suprême. Ces idées, même du temps de Henri IV, n'étaient pas nouvelles. La puissante reine de la Grande-Bretagne, Élisabeth, seconda ses vues. L'histoire recherche quel fut le mobile qui porta le roi de France à concevoir ce projet : était-ce une ligue de la chrétienté contre les mahométans? Sa politique ne tendait-elle pas à contre-balancer l'influence de la maison d'Autriche et de l'Espagne? Le cœur généreux du roi y eut cependant une part. Le poignard de Ravaillac interrompit ces projets.

Le bon abbé de Saint-Pierre, mort en 1743, reproduisit le plan de Henri IV. Aucune trace n'est restée de ses écrits. Jean-Jacques Rousseau nous a transmis les divisions de son ouvrage, et en a cité divers passages que probablement il a colorés de la magie de son style.

Des essais infructueux furent tentés à deux reprises, à la Convention nationale de France, pour lui faire adopter une *Déclaration du droit des gens*, qui eût servi de base à tous les traités internationaux. Il n'eût servi à rien de promulguer le décret.

C'est, messieurs, que, dans les vues de la Providence, chaque chose arrive à son heure et à sa place. La ligue européenne de Henri IV eût demandé la création de forces militaires imposantes, des flottes, des armées. Aujourd'hui, grâce aux progrès de la civilisation, malgré la tourmente, le moment n'est pas éloigné où les nations, averties des maux de tous genres que la guerre renferme dans ses flancs, ne la verront qu'avec horreur. L'opinion dominera le monde. Quand toutes les nationalités seront librement constituées, l'esprit de conquête et de domination deviendra impossible.

Demandez à l'Angleterre ce que lui ont coûté, de 1793 à 1815, les guerres entreprises seulement en vue de s'opposer aux idées d'envahissement de la France. Quel profit l'empire français a-t-il retiré de ses conquêtes ? Le temps des conquérants est passé ; dans toute l'Europe maintenant, à peu d'exceptions près, les Chambres des communes, exerçant leur contrôle, réduisent tout à des questions d'argent. Je ne ferai pas le tableau des avantages de la paix. Mais n'est-ce pas à elle que l'Angleterre doit sa prospérité fabuleuse, ses gigantesques travaux d'utilité publique ? L'aspect de l'Europe n'est-il pas complétement changé depuis trente ans ? Ces monuments, ces établissements de bienfaisance ou d'instruction, ces fabriques, ces canaux, ces routes, ces chemins de fer, ces télégraphes électriques, ces moyens rapides de locomotion et de communication de la pensée humaine, le rapprochement des esprits et des cœurs, cette fusion des intérêts et des sentiments, à qui doit-on ces bienfaits ? A la paix.

Les chefs des peuples veillent sur le bonheur des nations dont le gouvernement leur est confié. Mais les nations veillent aussi sur leurs propres destinées. Les anciens préjugés, les anciennes barrières, ont disparu ou disparaîtront dans un avenir peu éloigné. Dans une fête donnée à Liancourt, à l'occasion de l'évacuation du territoire français par les alliés, un poëte national, en France, a salué cette aurore d'une nouvelle ère. Nous possédons parmi nous un membre de l'illustre maison de Larochefoucauld-Liancourt, qui, mieux que moi, pourrait vous dire l'impression que produisit dès lors cette strophe de Béranger :

> J'ai vu la Paix descendre sur la terre,
> Semant de l'or, des fleurs et des épis.
> L'air était calme, et du dieu de la Guerre
> Elle étouffait les foudres assoupis.
> « Ah ! disait-elle, égaux par la vaillance,
> « Français, Anglais, Belge, Russe ou Germain,
> « Peuples, formez une sainte alliance,
> « Et donnez-vous la main. »
>
> (Vifs applaudissements.)

Le poëte n'a pas compris, dans cette énumération, nos amis les Américains : nous leur tendons la main à travers l'immensité de l'Océan ! (Nouveaux applaudissements.)

Vous êtes impatients, messieurs, de commencer vos travaux. Je déclare le présent Congrès constitué, et nous allons aborder l'ordre du jour.

Ce discours est accueilli par d'unanimes applaudissements.

M. LE PRÉSIDENT propose d'adopter le projet de règlement d'ordre intérieur et de passer immédiatement à l'ordre du jour.

Le règlement est adopté.

M. BOURSON donne lecture de la lettre suivante adressée au comité par M. Ch. de Brouckeré :

« Messieurs, les économistes sont naturellement partisans de la fraternité des peuples ; en travaillant au triomphe de leurs doctrines, ils poussent à la paix universelle. Aussi nous nous empressons de vous offrir, comme un hommage, vingt-cinq exemplaires du compte rendu des séances du Congrès des Économistes, et nous faisons des vœux ardents pour que vos efforts soient couronnés de succès.

« *Le président de l'Association pour la liberté commerciale,*
« CH. DE BROUCKERE. »

M. LE PRÉSIDENT. — Des remerciments seront adressés à M. Ch. de Brouckere.

M. SCOBLE rappelle aux membres anglais présents que M. Ch. de Brouckere a été, l'année dernière, président du Congrès des Économistes réuni à Bruxelles. Aujourd'hui sa présence est réclamée ailleurs par les travaux du Congrès agricole. Mais la communication qu'on vient de lire prouve suffisamment l'identité du but des Congrès auxquels M. de Brouckere prend une part si active. Puisse la devise anglaise « Paix et abondance » devenir celle de la Belgique !

L'ordre du jour appelle la discussion de la proposition suivante :

« *Iniquité, inhumanité et absurdité de la guerre comme moyen de solution des différends entre les nations.* »

M. L.-A. CHAMEROVZOW, secrétaire de la Société pour la protection des Indigènes dans les pays d'Outre-mer, et délégué de la Société de la Paix de Londres, donne lecture d'une note écrite par M. Edmond Fry, de Plymouth.

Toutes les nations de l'Europe acceptent la religion chrétienne comme règle de leur foi ; mais, à moins que leur profession de foi ne soit une moquerie, leur conduite devrait s'accorder avec elle. De là s'élève une question d'une importance universelle, c'est de savoir si la coutume qu'ont les nations de décider leurs querelles en faisant un appel aux armes, se trouve d'accord avec l'esprit de la religion ; il est aussi important de savoir si elles peuvent concilier ce système avec les enseignements de la raison, de la justice, de l'humanité et de la religion.

Si la guerre est condamnée par la raison, par l'humanité, par la justice et par la religion, c'est pour les peuples un devoir solennel de chercher à la faire disparaître. Le christianisme nous impose dans la vie publique, comme dans la vie privée, certains principes absolus. Aussi, une action qui serait criminelle de la part d'un individu ne le serait pas moins de la part d'une nation, car les lois du christianisme sont d'une application universelle; or, admettre le christianisme, c'est admettre qu'il faut se soumettre à ses lois; donc, jusqu'à ce qu'il soit démontré que le christianisme a perdu ses droits à l'obéissance universelle, les nations ne peuvent s'y soustraire.

L'orateur entre dans quelques autres développements pour appuyer la proposition. Il représente la guerre comme un restant du legs que la barbarie nous a laissé, et s'attache à démontrer qu'elle doit tôt ou tard disparaître, dès que les nations le voudront : « Prononcez-vous, dit-il, prononcez-vous, peuples, et la guerre sera abolie! » (*Applaudissements prolongés.*)

M. FRANCISQUE BOUVET, membre de l'Assemblée nationale de France. — Je m'estime heureux d'avoir à m'entretenir de la paix universelle avec les représentants de ce grand principe, venus ici de toutes les parties du monde civilisé. Je suis heureux aussi que ce soit dans un pays voisin et ami de la France, ma patrie; et j'admire, messieurs, que le premier Congrès universel des *Amis de la paix* se trouve réuni sur cette terre de Belgique où la guerre aveugle et brutale décida si souvent du sort des empires, sans jamais apporter autre chose aux peuples que de nouvelles calamités.

Je ne retracerai point à vos regards le triste spectacle de ce duel horrible des nations entre elles, qui fait de l'humanité une victime toujours saignante, à la face du ciel et au mépris de la justice de Dieu. Est-ce que le cri de cette victime ne retentit pas sans cesse à vos oreilles? Est-ce que vos cœurs n'en sont pas continuellement déchirés? N'est-ce pas à ce cri que vous êtes accourus tous en ce lieu pour aviser à la secourir?

Ah! messieurs, c'est une dure tâche que celle que vous vous êtes imposée, de lutter, par la morale et les lumières, contre le fléau destructeur de la guerre. Mais aussi, c'est une noble tâche, un apostolat sublime, que de travailler à faire reconnaître aux gouvernements des peuples la nécessité d'une justice plus haut placée et plus profitable que les décisions meurtrières des combats. C'est là une *utopie*, vous a-t-on dit. Oui, c'est une utopie, un songe, un de ces rêves qui, après avoir longtemps plané sur les sociétés endormies, les réveillent un jour en face de la réalité!

Et à moi aussi, messieurs, on m'a répondu par le mot d'utopie, il n'y a pas longtemps encore, dans une honorable Assemblée nationale, tant il est vrai que dans des questions d'un certain ordre, le génie de la foi précède toujours le génie même des idées de la bonne volonté. Oui, j'aurais voulu je n'en parlerais pas, messieurs, si le fait n'était connu de vous tous et si je ne devais à cette circonstance l'honneur de siéger parmi vous), j'aurais voulu que le préambule philosophique placé en tête de la Constitution de mon pays contînt le simple vœu de voir un jour s'établir une juridiction internationale pour remplacer la guerre, juger les différends élevés entre les États, garantir les traités et régler les grands mouvements de l'esprit humain en vue de la moralité et du bien-être des sociétés. Que faisais-je donc en cela, messieurs, si ce n'est d'apporter à l'édifice tout chrétien qui s'élève en ce moment en France une pierre retrouvée des bases de l'ancienne chrétienté ? Que faisais-je, sinon d'indiquer une issue pour rentrer, par la voie politique, dans la forme religieuse des conciles œcuméniques de la primitive Église : forme colossale, messieurs, forme imposante au delà de laquelle le génie politique n'a plus rien à créer, mais dans laquelle il peut coordonner admirablement l'activité morale et matérielle des sociétés.

Vous avez déploré, messieurs, le mauvais succès de ma tentative ; mais vous n'avez point conçu une opinion injuste de l'Assemblée nationale de mon pays. De semblables propositions, en effet, ont besoin d'être longtemps méditées avant d'être admises par une législature, même la plus éclairée. Mais je dois encore à la vérité de le déclarer ici, mon peu de talent a cruellement trahi mes convictions dans la circonstance, et il ne faut point chercher ailleurs la cause d'un mauvais succès.

Il n'est pas impossible, au reste, que l'Assemblée nationale française revienne avant le vote d'ensemble à l'idée de ma proposition. Bon nombre de mes collègues le désirent et l'espèrent. Quant à moi, je pense qu'elle y sera moralement forcée, et en voici, à mon avis, la raison : Il est écrit dans le préambule que la jeune république entend *maintenir l'initiative de la civilisation dans le monde*. Or, vous le savez comme moi, messieurs, pour être un organe avancé de la civilisation, il ne suffit pas de vouloir ; il ne suffit pas de lever sur la frontière le drapeau de la liberté ; il faut, de plus, être en possession d'une de ces idées-mères qui participent à la cosmogonie générale ; il faut avoir une doctrine ou formule qui réponde, non pas seulement à l'intérêt des citoyens dans la patrie, mais encore à l'intérêt des nations dans le monde ; il faut, en un mot, montrer que l'on a un point de vue arrêté sur l'avenir, et pour but un grand intérêt d'humanité.

Voilà, messieurs, un des motifs qui peuvent laisser l'espoir de voir le vœu de la paix universelle inscrit dans la Constitution française. La république française d'ailleurs a été fondée dans ce principe, et l'acceptera toujours comme règle, dans la mesure de sa dignité et de la justice. Vous connaissez le manifeste qu'elle a adressé aux diverses puissances, dès les premiers jours de son avénement.

Ce manifeste n'est-il pas un acheminement à la paix générale? Et la république n'a-t-elle pas intérêt, elle qu'on a tant calomniée avant même qu'elle fût née; elle qu'on a tant accusée d'anarchie, de terreur, de passion des conquêtes, n'a-t-elle pas intérêt à se justifier de semblables calomnies, et à se mettre en avant de la civilisation, en propageant l'idée qui vous est si chère, d'une juridiction internationale, propre à donner une base durable à la paix universelle?

Quoi qu'il en soit, messieurs, la guerre est frappée à mort désormais. Déjà le géant remue à peine ses membres vieillis dans le crime; le génie littéraire et le génie commercial l'ont tué. Ce n'est pas la guerre qui reste à détruire; c'est la paix qui reste à constituer.

Ce problème est-il insoluble? Vous ne le pensez pas. Et en effet, messieurs, ce que la morale et la raison demandaient, l'intérêt matériel le commande aujourd'hui avec l'autorité des plus pressants besoins. Comment ne pas reconnaître, en effet, que les transactions commerciales sont tellement généralisées et engagées d'un bout à l'autre de l'univers, que chaque commotion imprimée à l'ordre matériel les glace d'épouvante et les menace de ruine? Comment ne pas voir que les États eux-mêmes sont tous obérés, tous compromis dans leur prospérité publique, par les dépenses affectées à leur budget militaire, et qu'ils doivent sentir la nécessité d'un désarmement général qui leur permette de disposer en meilleure voie des ressources de leurs finances? Quant à moi, messieurs, cette nécessité générale me paraît tellement démontrée que je ne pense pas qu'un seul des gouvernements de l'Europe ne soit menacé dans son existence même, par la résistance qu'il apporterait à adopter l'unique moyen qui lui soit offert de diminuer les charges publiques de ses peuples et de les faire tourner à leur prospérité. Se figure-t-on des nations se disant civilisées, qui consument un quart ou un tiers de leur budget annuel à entretenir des armées, dont le moindre inconvénient consiste à priver l'agriculture, l'industrie, la population, des hommes les plus sains et les plus vigoureux?

Non, le problème n'est pas impossible à résoudre.

Les nations restent vis-à-vis l'une de l'autre à l'état de barbarie, sans loi positive, sans juridiction commune, sans lien d'association, livrées aux éventualités de la discorde et de la guerre. Mais n'en fut-il pas de même des individus avant qu'ils eussent contracté le lien sacré de la famille? N'en fut-il pas de même des familles, des tribus, des provinces, tant qu'elles n'avaient pas accepté la juridiction d'unité qui leur donna la paix en les constituant en nation? Former aujourd'hui, élever au-dessus des nations, une loi d'association, une juridiction représentative qui soient pour elles ce que sont pour les familles et les circonscriptions territoriales des divers empires, leurs constitutions nationales, c'est en quoi consiste uniquement le moyen.

Oui, messieurs, il faut qu'une autorité supérieure, une juridiction unitaire s'élève sur les nations du monde. L'unité est une loi absolue de la nature des sociétés, comme elle l'est de toute harmonie. Tant que cette loi ne sera pas satisfaite, les éléments sociaux resteront livrés à un sort imprévu et dans l'agitation; il n'y aura rien de stable et de définitif entre les peuples, rien même qui soit capable de garantir les traités des princes entre eux. L'unité est tellement une nécessité organique de l'esprit humain, qu'elle a toujours tendu et qu'elle tend sans cesse à se réaliser. Dans les siècles qui ont précédé les lumières de la philosophie et la liberté des temps modernes, cette tendance a cherché sa satisfaction dans les éléments qui constituaient alors l'autorité. Ces éléments étaient l'héroïsme militaire, et ce qu'on appelait la religion. Les César, les Tamerlan, Charlemagne, Napoléon, Grégoire VII, Mahomet ont été les fragiles instruments de la tendance invincible des peuples vers cette attraction unitaire où semble résider le lit de repos de l'humanité. De nos jours encore cette tendance semble s'exercer au bénéfice des empereurs de Russie, et avec une prédominance telle que quelques personnes regardent comme inévitables ses résultats. Et ils le seraient, sans doute, l'unité se réaliserait encore un jour dans l'absolutisme d'un conquérant, si elle ne se réalisait auparavant dans une imposante représentation sociale, capable de fixer les éléments désordonnés de la sociabilité dans le *droit commun des peuples.*

Pour apprécier l'importance qu'aurait le Congrès universel des peuples, considéré comme régulateur et protecteur des rapports généraux, il suffit de constater que les principaux besoins des peuples sont correspondants. Je ne parle point ici des besoins moraux, sympathiques et intellectuels, qui ne sauraient être révoqués en doute, mais des besoins uniquement matériels. N'est-il pas évident que l'univers présente l'aspect de contrées dont les unes possèdent en trop grande abondance les objets qui manquent à d'autres, et qu'il n'est pas de lieu où l'on n'ait à souffrir de la privation de ce que l'on trouve facilement ailleurs? L'Espagne, le Portugal et la France, par exemple, abondent en vins, tandis que l'Angleterre, l'Allemagne, la Russie en sont privées. La Russie et l'Australasie sont embarrassées de leurs laines, tandis qu'en France et en Angleterre les étoffes de cette nature sont, proportionnellement, à un prix élevé. L'Angleterre, la Suède abondent en fer et en bois, substances beaucoup plus rares dans le Midi. Enfin, l'or est ici, le platine est là; le charbon, le sel, le soufre, le plomb, l'étain, le cuivre, l'argent, le mercure, etc., varient de situation sur le globe.

Un tel inorganisme n'est pas seulement sensible de peuple à peuple, il l'est encore de province à province dans le plus grand nombre des États. Mais en supposant même que toutes les nations eussent, comme l'Angleterre, les États-Unis et la Belgique, résolu en grande partie le problème de la consommation intérieure de leurs produits, par les établissements de crédit public et la profusion des voies de communication, la tendance commerciale ne serait point satisfaite : le commerce n'est grand et prospère à l'intérieur qu'autant qu'il l'est au dehors; au commerce ainsi qu'à l'esprit humain il faut l'universalité.

Telle n'est point aujourd'hui, messieurs, la condition véritable du commerce. Trois conditions manquent à son développement absolu : la *facilité*, la *liberté*, la *sécurité*.

Durant les trèves passagères que nous appelons la paix, il existe un peu de ces divers avantages, mais ils n'ont ni l'étendue ni la consistance nécessaires; sur terre, par exemple, le commerce voit sa liberté entravée à chaque frontière par la mesquine institution des douanes; ses produits peuvent être confisqués en cas d'une déclaration subite de guerre, ou seulement d'une crainte fondée d'hostilité. — Sur mer, la défiance a plus de motifs encore; un navire venant d'Amérique ou des grandes Indes est-il jamais assuré d'arriver en Europe, sans courir la chance d'être capturé par un vaisseau de guerre devenu ennemi en son absence, ou par un pirate de marque? Aussi, je le répète, messieurs, la facilité, la liberté, la sécurité manquent au grand commerce, et des garanties si précieuses ne sauraient lui être offertes que par un Congrès constitué, qui appellerait à sa barre tous les différends survenus entre les États et traiterait les rapports des divers peuples au point de vue de l'universalité.

Le Congrès, dis-je, garantirait au grand commerce la sécurité, la liberté, la facilité.

La sécurité, en abolissant la guerre, en abattant les forteresses et en abaissant proportionnellement le chiffre de l'effectif militaire des diverses nations, en organisant la police des grands passages de terre et de mer.

La liberté, en supprimant, avec de sages précautions, les tarifs réciproques des États entre eux, en proclamant la liberté des mers.

La facilité, en ouvrant à frais proportionnels entre les nations des voies de communication, soit en perçant les montagnes, soit avec des routes ferrées, soit en coupant les isthmes qui arrêtent la navigation.

Il pourrait établir, par exemple, un chemin de fer entre la Méditerranée et l'Euphrate, ou à travers l'Égypte, pour aller aux Indes. L'isthme de Corinthe, l'isthme de Panama pourraient cesser de faire obstacle à la navigation, le premier dans la Méditerranée, le second entre l'océan Atlantique et le grand Océan. De telles entreprises, et de plus grandes peut-être qui semblent impraticables aujourd'hui, deviendraient d'une exécution facile du jour où une puissance unitaire, réunissant le faisceau des forces matérielles qu'absorbe encore la guerre, les dirigerait dans un but commun et profitable à tous les peuples.

Figurez-vous un instant, messieurs, que la moitié des capitaux employés à la guerre dans les États de l'Europe seulement, et que je n'estime qu'à deux milliards, fût appliquée, durant vingt ans seulement, à des travaux de grandes communications, de grandes irrigations, combien la prospérité générale n'en serait-elle pas augmentée au profit des sociétés !

Le Congrès s'occuperait de reviser les traités, de réformer, dans un intérêt protecteur, les délimitations des États. Il préviendrait leurs différends, et les terminerait à l'amiable quand ils seraient devenus flagrants. Supposons, par exemple, que le Congrès eût à régler aujourd'hui l'affaire entre l'Autriche et l'Italie. Peut-être ne serait-il point embarrassé ; peut-être pourrait-il facilement indemniser l'Autriche de la perte de cette Italie qu'à mon avis elle ne saurait garder.

L'Italie ne convient nullement à l'empire d'Autriche. Ce qui conviendrait à l'Autriche, ce serait d'avoir des ports sur la mer Noire, à l'embouchure du Danube, le long des côtes de la Valachie, qui devrait lui appartenir. Du côté de l'Italie, elle n'a besoin que d'une issue, par Trieste, dans l'Adriatique, en commun avec la plupart des États allemands. Ces États allemands ont bien, eux-mêmes, quelques avantages à désirer qu'ils n'obtiendront jamais que par l'établissement du Congrès universel. Leur suffira-t-il toujours, par exemple, d'emprunter, comme ils le font aujourd'hui, les navires de la Hollande, de la Prusse et des villes hanséatiques ? Non, sans doute, car il faut, à tout pays qui veut compter parmi les nations, un pavillon, tant faible soit-il, sur la mer. Il faut aux États allemands une part commune dans le golfe de Trieste : il leur faut de petits ports aux embouchures des fleuves devenus libres qui tombent de leurs montagnes vers l'Océan. Le jour serait venu aussi pour l'infortunée Pologne d'avoir un abri sous quelque rocher de la Baltique, dans la région où la Vistule verse ses eaux.

Je ne fais ici, vous le voyez, messieurs, qu'esquisser des exemples, pour rendre plus intelligible ma pensée sur la question.

Il en serait de même des transactions politiques des gouvernements entre eux, et des différends politiques survenus à l'intérieur des États. Partout, et en toute chose, le Congrès universel exercerait une salutaire influence. En portant dans son sein la paix des nations, il porterait en même temps la paix intérieure des éléments politiques ; il rendrait les révolutions impossibles, en régularisant et en assurant la marche incessante du progrès.

Oui, les révolutions politiques, et même les révolutions religieuses, cesseraient d'agiter périodiquement les États; elles rentreraient dans ce foyer d'harmonie dont elles sont sorties, pour travailler à l'émancipation de l'esprit humain, le jour où cette émancipation cessa d'être possible par la liberté des discussions.

Ici, mon souvenir se reporte aux conciles œcuméniques de la vieille Église catholique, et je le déclare, messieurs, je donne les plus profonds regrets à la suppression de ces réunions universelles au sein desquelles la politique du monde entier était débattue sous une forme trop abstraite, sans doute, et je déplore surtout l'esprit d'intolérance qui s'établit dans leur sein vers les derniers temps de leur splendeur. Cette intolérance fut cause que ce qu'ils appelaient l'hérésie, au lieu de s'épurer dans le sein des conciles en s'y développant librement, alla porter ailleurs la liberté qui lui était propre, et avec la liberté, cet élément vital des sociétés, les révolutions religieuses et politiques, qui datent principalement du seizième siècle et poursuivent encore leur cours à travers le monde.

Oui, la cessation des conciles et de leurs libres discussions fut un immense malheur, car l'Église chrétienne ne pouvait se maintenir dans son principe, ou y rentrer après en avoir dévié, que par l'intermédiaire de cette vaste représentation. Les conciles ont sans doute donné parfois le spectacle de grandes aberrations; mais il n'en est guère au sein desquels il ne se soit produit quelque grande pensée à l'appui de la vérité. S'ils eussent continué de siéger, ils eussent sans doute élevé des obstacles au développement de la philosophie. Mais la philosophie, soyons-en certains, y eût soutenu la vie active du principe chrétien.

Incontestablement, messieurs, le principe social avait un puissant rôle dans les conciles, lors même qu'il y était le plus obscurci. La forme représentative, tradition vivante de la primitive Église, y maintenait un germe social qui n'eût pas manqué de se développer au contact des idées largement répandues, plus tard, par les lumières de la philosophie et l'instrument de la presse. Assurément, ces assemblées fussent sorties de leurs abstractions nébuleuses, une fois que le monde des faits les eût enveloppées. Elles eussent été entraînées dans l'expansion de la civilisation moderne, et l'Église, devenue accessible aux éléments d'assimilation, ne fût pas restée pouvoir spirituel seulement; elle eût régi hautement le spirituel et le temporel des empires.

Dès lors, les émigrations de croyances et d'institutions qui ont continué d'avoir lieu en dehors d'elle n'eussent point été nécessaires. Le progrès eût opéré son rayonnement du dogme religieux à la juridiction, à l'administration et à l'économie politique des États. Elle fût restée l'orbite autour de laquelle eût gravité le mouvement social. A l'heure qu'il est, le concile œcuménique, agrandi avec le temps dans sa représentation, formerait l'institution que nous travaillons à élever, messieurs. Nous le verrions investi de cette juridiction suprême qui manque au monde comme formule du *droit commun des peuples;* de ce droit qui doit un jour, je le répète, détruire la guerre, assurer l'effet des traités diplomatiques, soumettre à une répartition équitable les entreprises de travaux intéressant plusieurs nations, et, enfin, assurer aux rapports commerciaux des peuples la sécurité, la liberté, la facilité.

L'Église, malheureusement, ne comprit point un si bel avenir et une mission si élevée. Au lieu de se maintenir dans cet esprit de la représentation universelle et libre qui faisait le caractère primitif du christianisme, elle se laissa entraîner dans une direction contraire, au point de s'incarner tout entière dans la personne d'un chef, donnant ainsi l'exemple le plus funeste aux gouvernants des nations. Dès lors, le despotisme fut fondé là où la liberté devait être à jamais organisée et faire rayonner le progrès de la moralité et du bien-être des sociétés. Alors les véritables lumières s'éteignirent dans l'Église; la connaissance des besoins des peuples lui devint chaque jour plus étrangère, son influence s'amoindrit sans cesse, et le monde procéda par des révolutions successives à l'accomplissement d'un progrès irrégulier. Vous avez compris, messieurs, que cela ne peut s'appliquer qu'à la papauté romaine, cette ruine majestueuse qui a cessé d'abriter les sociétés.

J'ai dit, messieurs, que si les conciles œcuméniques de l'Église chrétienne eussent perfectionné leur représentation, et conservé inviolablement la liberté de discussion dans leur sein, ces conciles seraient arrivés à être définitivement et perpétuellement cette institution régulatrice du progrès universel, cette juridiction suprême que nous voudrions voir s'établir aujourd'hui sur les nations.

Mais comment relever une si grande institution? Comment la composer, et comment surtout la faire agréer aux gouvernements des peuples? Direz-vous à l'autorité qui s'intitule encore catholique, à notre vieille mère de Rome, le mot de l'Évangile adressé au paralytique? lui direz-vous de se lever et de marcher.

Hélas! il y a longtemps que la papauté, privée de l'inspiration des conciles œcuméniques, devenue étrangère à la vie positive des sociétés, s'est éteinte elle-même, et que sa pourpre est devenue son linceul. Non, les conciles ne s'ouvriront plus dans la vieille Église pour la mettre sur la voie de ce progrès auquel elle a obstinément résisté, quand il dépendait d'elle de l'admettre. Elle demeurera ensevelie sur son rocher de Trente, autour duquel s'élève sans cesse l'océan de la civilisation moderne. En vain repousse-t-elle, en le maudissant, le flot qui la frappe; le flot obéit au souffle de la vie universelle. Il frappera, il montera sans s'arrêter un seul jour, et passera sur la vieille Église. Mais, je me hâte de le dire, messieurs, son esprit immortel, l'esprit chrétien planera encore sur le déluge d'une forme étroite et surannée, il battra encore de ses ailes de feu le monde social et versera sur lui ses saintes inspirations.

Mais la forme appropriée à son principe, la forme universelle, son temple, si je puis m'exprimer ainsi, qui l'élèvera? Toujours ce même problème à résoudre, toujours l'œuvre difficile que nous avons, vous et moi, à poursuivre, toujours le but de nos convictions! Qui l'élèvera? Ce sera la force même des choses; ce sera le sentiment profond de l'inorganisme social de l'époque. Quant à moi, messieurs, je suis convaincu que la juridiction internationale est l'expression même d'un besoin général aujourd'hui, quoique mal compris. Oui, messieurs, ce que la morale et la religion, en s'isolant trop des affaires positives du monde, n'ont pu produire, la nécessité matérielle en fera une loi. Et ce ne sera pas le moindre témoignage de la vérité des grands principes religieux qui dominent la destinée des peuples.

Je dis, messieurs, que la force des choses amènera ce résultat. Mais votre tâche n'en demeure pas moins entière. C'est à vous d'être les démonstrateurs dans le monde, les apôtres de cette imposante nécessité, heureusement si conforme aux desseins de la Providence. Parlez, à la fois, aux peuples et à leurs gouvernements. Et s'ils vous répondent encore par le mot *utopie*, exposez à leurs yeux leurs propres misères, leur situation financière et commerciale, le paupérisme montant sans cesse les marches de l'édifice social au sein même de l'abondance des produits agricoles et industriels, sans qu'on puisse assigner d'autre cause à ce phénomène que l'inorganisme universel. Montrez-leur les diverses formes de gouvernement s'affaissant dans l'impuissance de leur isolement et croulant de toute part comme frappées par une fatalité. Montrez-leur les trésors de tous les États, vides et obérés par des dettes énormes. Ce ne sont pas là des utopies, messieurs, ce sont des arguments imposants, pressants, décisifs; et malheur, selon moi, aux gouvernants qui ne les écouteraient point!

Mais, dans plus d'un pays, vous aurez affaire à des hommes d'intelligence, qui comprendront la nécessité et l'avantage de diminuer incessamment l'effectif militaire des États, et qui ne demanderaient pas mieux que de voir les autres gouvernements se soumettre à une diminution analogue. Pensez-vous que l'Angleterre ne se trouve pas bien chargée de faire seule et à grands frais la police des passages maritimes dont elle ne jouit pas plus, en fait, que les autres puissances? Pensez-vous que la France ne soit pas horriblement fatiguée de sa paix armée? Pensez-vous que l'Allemagne tout entière, la Hollande, la Prusse, la Belgique, l'Autriche, la Russie elle-même, ne soient pas lasses de traîner le boulet que le système militaire leur attache aux pieds? Je ne parle pas des États-Unis. Cette nation modèle n'a pas besoin qu'on lui prêche la paix; elle la met en pratique avec une intelligence qui en a fait en soixante ans un des pays les plus prospères et les plus heureux.

Courage donc, généreux amis de la paix! propagez l'idée de substituer à la guerre le tribunal des nations. Adressez-vous aux peuples et aux rois, et ne doutez pas un instant de l'avenir de votre apostolat. (*Applaudissements.*)

M. LE BARON DE REIFFENBERG, membre de l'Académie royale des sciences et belles-lettres de Belgique. — On vient de vous le dire, messieurs; vider par les armes les différends des peuples, jeter le glaive dans la balance de leurs droits, régler leurs intérêts à coups de canon, c'est donner un déplorable démenti à nos doctrines; souvent, il est vrai, plus déclamatoires que solides, de civilisation et de progrès. Toutefois, en condamnant la guerre, on ne saurait sans injustice et sans imprudence faire peser un pareil anathème sur les guerriers, dont la mission, selon les conditions actuelles où nous vivons, est encore noble et grande, puisque la patrie leur a confié sa défense, puisqu'eux seuls, dans les convulsions de l'anarchie, ont sauvé l'ordre social. La guerre elle-même ne mérite pas un blâme absolu. Comment soutenir, en effet, qu'un mode d'action auquel l'homme n'a cessé de recourir depuis son origine, est complétement contraire à sa nature? Dieu qui, sous l'ancienne loi, permettait que Moïse et les prophètes l'appelassent *le Dieu des armées*, a fait entrer la guerre dans ses incompréhensibles desseins. La guerre, par un phénomène singulier et qui n'en est pas moins incontestable, a contribué à rapprocher les peuples, en les ralliant sous la bannière des mêmes besoins et des mêmes idées; quand, au moyen âge, tout était division, isolement, elle a créé l'esprit national, confondu les rangs en présence du danger commun, et avancé l'heure de l'émancipation des classes inférieures en leur révélant le secret de leur force.

Bien plus, il est arrivé qu'à certaines époques elle a retrempé les mœurs et ranimé l'énergie des populations énervées ou corrompues; elle a surtout exalté le sentiment de l'honneur, ce mobile si puissant des sociétés modernes. Au milieu de cette assemblée, un tel langage vous étonnera peut-être. On a énuméré les maux de la guerre, j'énonce rapidement quelques-uns des motifs qui l'excusent : en effet, quand on combat un ennemi, il ne faut employer que des armes courtoises.

Mais si la guerre trouve sa justification dans le passé, si elle a eu sa raison d'être, on peut affirmer qu'aujourd'hui elle a fait son temps. Une loi de l'humanité substitue de plus en plus au jeu violent des forces matérielles l'intervention pacifique de la puissance morale et intelligente. C'est ainsi que le perfectionnement de l'industrie remplace une dépense inutile de temps et de forces, une complication grossière d'agents souvent paresseux et maladroits, par des machines dont le mouvement simple, rapide, est en outre d'une précision extrême, et représente une haute pensée scientifique.

Oui, messieurs, comme vous je désire ardemment que le genre humain désarme; mais en m'unissant à vous de cœur et d'espoir, je demande que nous dirigions nos efforts unanimes contre ce désastre considéré dans toute son étendue.

Trois espèces de guerres s'offrent à mes yeux, quand je contemple la scène du monde.

La première, assujettie aux conventions du droit public et devenue un art aussi vaste que profond, se montre loyalement sur les champs de bataille, au pied des forteresses, dans l'enceinte des camps ; elle s'ennoblit par les connaissances et l'habileté qu'elle suppose, par les sacrifices qu'elle exige, le courage et le dévouement qu'elle développe ; c'est elle qui a produit jadis les bons effets que j'ai indiqués en courant, et s'il est à souhaiter qu'on parvienne à la supprimer, sans rapetisser des générations trop inclinées, avouons-le, à répudier tout ce qui est généreux et purement héroïque, on est fondé à soutenir qu'elle est la moins coupable de toutes, pourvu qu'on la juge avec impartialité.

Elle marche droit au but, elle frappe, le sang coule; mais ce sang affaiblit-il autant les nations que la guerre sournoise et hypocrite qui usurpe le nom de la paix? Ces collisions momentanées sont-elles aussi funestes que les parades permanentes qui enlèvent la partie la plus active de la population à des travaux productifs, pour lui donner l'habitude du désœuvrement et du vice; qui épuisent les ressources les plus précieuses, sans aucune de ces compensations morales, nées de la fréquentation du péril, de l'aspect sublime de la destruction et de l'immolation personnelle?

Je crois avoir sous les yeux deux duellistes qui se font des mines menaçantes et terribles sans jamais engager leurs rapières, qui se fatiguent et s'épuisent à se tenir en garde de l'air le plus bravache possible, ou des acteurs qui répètent des pièces qu'ils ne joueront jamais, et qui se ruinent à de frivoles répétitions. Et cependant, malgré l'absurdité, malgré les conséquences fatales de ce système, y renoncer seul, se livrer par une abnégation romanesque à la convoitise d'un ambitieux voisin, qui n'aurait pas, comme vous, rompu la lame de son épée, ce serait une folie plus intolérable encore. Il ne suffit pas d'être sage, il faut l'être à propos.

Mais une guerre sans prétexte, une guerre que l'exemple de qui que ce soit ne justifie ni n'autorise, une guerre impie, mille fois plus odieuse dans ses résultats que les deux autres, c'est la guerre intestine, celle que se livrent les factions aveugles, les passions enflammées, les intérêts mal compris, les ambitions délirantes, constamment entretenues par les excitations de la presse, en un mot, l'antagonisme des principes d'ordre et d'anarchie. Voyez à toutes les époques, et surtout de notre temps, ces forcenés de sens rassis que le repos du monde importune et irrite; qui rendent la société tout entière responsable des chagrins de leur orgueil, des déceptions de leur vanité, des tourments de leur envie; ces hommes qui, incapables d'arriver au but par les voies régulières, veulent nous précipiter dans des expériences insensées; ces législateurs improvisés, qui escomptent et font avorter l'avenir, en reniant le passé, en rendant stérile le présent; ces rêveurs, d'autant plus dangereux, qu'ils trouvent une sorte d'apologie dans l'honnêteté de leurs vues, et qui entraînent ainsi les âmes candides et généreuses à adopter des doctrines sans base et sans réalisation pratique. Voyez cette glorification sacrilège des instincts de l'homme animal, comme si notre rôle s'achevait définitivement sur la terre; le travail traitant en ennemi le capital, qui n'est, après tout, qu'un travail accumulé; la haine féroce d'inégalités sociales qu'on n'effacera qu'en plaçant sur la même ligne l'ignorance et le savoir, la nullité et le talent, l'oisiveté et la diligence, le vice et la vertu. Voyez toutes ces causes de luttes acharnées, d'hostilités implacables, et dites-moi s'il est une guerre plus pernicieuse et plus formidable.

Voilà, messieurs, le fléau dont il vous appartient de paralyser la criminelle influence. En vain vous vous jetterez, comme les femmes sabines, entre deux armées prêtes à en venir aux mains; en vain vous renverrez dans leurs foyers tous ces jeunes soldats qui se couchent perpétuellement en joue, vous n'aurez rien fait, si cette guerre intérieure, source de toutes les autres, et contre laquelle la liberté elle-même invoque le secours des armes, n'est enfin extirpée. Mais pour éteindre cet incendie qui tantôt couve sous la cendre, tantôt éclate en effroyables tourbillons, est-il un remède réel, efficace? Je n'en connais pas d'autre que l'éducation. N'imaginez pas que j'invoque pour la multitude cet enseignement aussi prétentieux que superficiel, réparti sans mesure, sans prévoyance, et qui ne suscite que de folles illusions, des exigences coupables, un ennui séditieux de la réalité; ce que je sollicite à grands cris, c'est l'éducation morale et religieuse. Si nous n'attaquons point dans le cœur de l'homme la discorde qui mine la société et la bouleversera de fond en comble, si à la retitude du jugement nous ne joignons pas la mâle discipline de la volonté; si nous négligeons de fortifier le sentiment de la règle, si la notion imposante du devoir ne s'élève pas vis-à-vis de celle du droit, si nous ne puisons pas dans le christianisme, et dans le christianisme seul, entendez-vous? les préceptes de la résignation et de la charité, nous pourrons nous livrer à des parties de plaisir philanthropiques, nous pourrons arrondir des phrases humanitaires; mais semblables à ces Athéniens qui se payaient de belles paroles quand Philippe était sur leur tête, nous laisserons le mal nous envahir de tous côtés; notre constance verbeuse sera cruellement déçue, et frappés à notre tour, nous reconnaîtrons en gémissant que nous avons agi comme ces enfants qui s'imaginent être à l'abri des lances et des flèches avec une cuirasse de papier.

Il n'est jamais trop tard, messieurs, pour en revenir à Dieu. A lui seul, parce qu'il est fort et puissant, il sied de lancer la foudre et de déchaîner les orages; à nous, parce que nous sommes petits et faibles, la loi d'amour et de paix ! (*Applaudissements.*)

M. EWART, membre du Parlement anglais, commence par exprimer les sentiments que lui a fait éprouver le discours si éloquent que vient de prononcer M. Bouvet. Messieurs, dit l'orateur, je suis membre de la Chambre des communes depuis plus de vingt ans, et je puis affirmer que l'immense majorité du Parlement britannique est favorable à la paix. Je puis aller encore plus loin et ajouter que la majorité de la nation anglaise est animée des sentiments les plus pacifiques. M. Bouvet vous a annoncé que les sentiments qu'il a si éloquemment exprimés sont partagés par un grand nombre de membres de l'Assemblée nationale de France. Mon excellent ami Elihu Burritt pourra vous dire que le Congrès des États-Unis d'Amérique est également animé de sentiments semblables.

Messieurs, bien des vérités ont été longtemps traitées d'utopies par les ennemis du progrès, dont je suis prêt d'ailleurs à reconnaître la bonne foi. Mais de ces prétendues utopies plusieurs sont aujourd'hui devenues des vérités universellement reconnues. Ceux qui pour la première fois, en Angleterre, proposèrent l'abolition de l'esclavage se trouvèrent en butte au ridicule et à la haine. Eh bien, malgré tant de préjugés, d'intérêts hostiles, et l'opposition la plus formidable, cette vérité a triomphé. L'esclavage a été aboli en Angleterre, il vient de l'être en France, et j'ose dire qu'il le sera bientôt aux États-Unis d'Amérique. (*Applaudissements.*)

Il en sera de même de la doctrine de la paix universelle aujourd'hui traitée d'utopie comme tant d'autres vérités. Mais, diront nos adversaires, ces vérités, si belles en théorie, est-ce bien le moment de venir les discuter? Il me semble, messieurs, qu'à une époque où les feux de la guerre menacent encore une fois de se rallumer, où quelques étincelles semblent nous annoncer un nouvel incendie, les amis de la paix doivent plus que jamais élever la voix contre les horreurs et les abominations de la guerre.

L'orateur dit quelques mots de l'abolition des lois sur les céréales et de la certitude où l'on est en Angleterre d'en finir bientôt avec les lois sur la navigation, ces restrictions surannées, tradition d'une époque de barbarie.

Messieurs, ajoute-t-il en terminant, je n'avais pas l'intention de prendre la parole en cette occasion; mais je ne pouvais garder le silence après le discours de M. Bouvet, l'éloquent organe de l'Assemblée nationale de France. J'ai cru qu'il était de mon devoir de parler au nom de mes collègues du Parlement britannique. Je déclare ici à M. Bouvet que la nation anglaise souhaite sincèrement le progrès et la prospérité de la France. (*Vifs applaudissements.*) Pour ma part, j'ai toujours regardé la prospérité de la France comme intimement liée à celle de l'Angleterre; arrière toutes ces vieilles absurdités qui faisaient consister le bonheur d'une nation dans l'abaissement de sa rivale! Il est de l'intérêt, je dirais presque du devoir de tous les peuples de souhaiter la prospérité des autres peuples, leurs frères. Les sentiments que je viens d'exprimer au nom de l'Angleterre, la France, je n'en doute pas, les éprouve également. Notre président nous a cité tantôt les admirables vers de Béranger. Écossais, je suis fier de citer des vers de notre poëte national Burns, que tous mes compatriotes savent par cœur, et qui expriment la même pensée de paix et de fraternité universelle. (*Applaudissements prolongés.*)

Messieurs, ce jour est le premier jour d'un grand triomphe. Il m'est impossible de douter du résultat en voyant nos efforts secondés par des hommes comme Burritt en Amérique, M. Joseph Sturge en Angleterre, à qui j'aurais voulu céder le fauteuil de vice-président, si je n'avais cru que ma qualité de membre du Parlement ne donnait en quelque sorte un caractère plus significatif aux fonctions auxquelles vos suffrages m'ont appelé. Belges, c'est un grand bonheur pour vous de vivre sur un territoire neutre, où nous pouvons venir chaque année discuter ces hautes et importantes questions. Notre mission sera victorieuse, car le bonheur de l'homme en est le but et la loi de Dieu nous en fait un devoir. (*Applaudissements.*)

M. Ewart explique ensuite aux membres anglais présents le sens du discours qu'il vient de prononcer.

M. Francisque Bouvet se lève et, au milieu des applaudissements de l'assemblée, serre cordialement la main de M. Ewart.

M. BUCKINGHAM, ancien membre du Parlement, prononce un discours en anglais. Messieurs, dit l'orateur, pour mettre plus d'ordre dans nos discussions et pour rester dans les limites de l'ordre du jour indiqué pour cette première séance, je me bornerai à l'examen de la première question, c'est-à-dire celle de l'iniquité et de l'inutilité de la guerre. Je l'examinerai sous trois points de vue, sous le rapport historique, financier et moral.

Quant au point de vue historique, je vous dirai, messieurs, que j'ai voyagé dans une grande partie de l'ancien continent ; j'ai visité les contrées, autrefois le siége de puissants empires aujourd'hui détruits : la Perse, l'Assyrie, l'Inde. Partout j'ai trouvé les traces de la dévastation causée par la guerre. Quel fut le premier ordre du Créateur, d'après la tradition sacrée? Croissez et multipliez. Eh bien, messieurs, dans cet antique séjour de l'homme, je n'ai vu que les affreux résultats de la violation de ce décret divin. Toute l'histoire de l'antiquité nous montre les hommes s'acharnant à s'entre-détruire. Si le progrès est la loi de l'humanité, la guerre est certes son plus cruel ennemi. La guerre diminue au lieu d'augmenter, détruit au lieu d'édifier, au lieu de faire progresser l'homme elle change la civilisation en barbarie. J'ai visité les ruines de Ninive, de Babylone, de Palmyre, de Thèbes, de Memphis. Ces cités, jadis si puissantes et si renommées, supérieures en étendue, en population et en richesses aux villes les plus florissantes d'aujourd'hui, ne sont plus qu'un monceau de débris que parcourent quelques pâtres isolés. Elles sont ensevelies dans le silence de la mort. Voilà où les a réduites la guerre! Si je me rapproche des contrées que nous habitons, je trouve Athènes, autrefois l'orgueil du monde, cette ville qui occupe une si belle place dans nos souvenirs et dans nos rêves, Athènes, si illustre dans les arts, les sciences, aujourd'hui déchue et pour ainsi dire méprisée. Et où trouver un plus éclatant exemple de la vérité que nous venons défendre ici que le sort de Rome, la reine du monde? Éternel objet d'admiration à cause des richesses artistiques qu'elle renferme, et de l'immense intérêt historique de ses souvenirs, Rome démontre au voyageur qui parcourt aujourd'hui ses merveilles la destinée réservée au peuple qui fonde sa puissance sur la guerre. Rome, après avoir dompté le monde, fut à son tour engloutie par la conquête; exemple imposant de la parole divine : Celui qui frappera avec le glaive périra par le glaive.

Je passe maintenant au point de vue financier. S'il est immoral pour un père de contracter des dettes que son fils devra acquitter, à plus forte raison les nations sont insensées et coupables quand elles s'engagent dans des dettes qui obèrent une génération qui n'a pas encore vu le jour. C'est un sujet qu'un Anglais peut traiter avec connaissance de cause. (*Hilarité*.) De toutes les nations du monde, c'est la nation anglaise qui est chargée de la plus lourde dette. Les intérêts de cette dette, fruit de guerres aujourd'hui terminées, absorbent annuellement des sommes énormes, et si l'on continue dans le vieux système, on peut prédire qu'il viendra un temps où la nation épuisée n'aura plus de quoi payer sa dette.

Le fatal système des emprunts précipite les nations dans un abîme. Il est commode d'emprunter sans avoir à payer ses dettes. Les législateurs persistent cependant à puiser à pleines mains dans la bourse des générations à venir; et dernièrement le ministère anglais a contracté un emprunt de deux millions de livres sterling. Dans la mission que nous nous sommes proposée, nous devons nous abstenir de toute allusion aux événements politiques; mais il m'est impossible de ne pas faire remarquer qu'une nation que je ne veux point nommer, et qui est en ce moment occupée, comme on dit vulgairement, à arranger ses affaires, aurait une tâche infiniment plus facile si elle avait un surplus de capitaux pour les besoins de sa population.

Il me reste à aborder la question sous le rapport de la morale. Une légende nous apprend que Romulus se montra à Proclus dans une vision et lui annonça que Rome devrait sa puissance à la conquête et que la guerre devait être le principal objet des travaux de ses enfants. Rome obéit aux conseils de son fondateur. Nous aussi, nous avons notre légende; nous avons aussi eu une vision; mais cette vision, ce fut un cortége d'anges qui proclamèrent à Bethléem « gloire à Dieu dans les cieux, et sur la terre paix aux hommes de bonne volonté! » Voilà notre légende à nous; et les préceptes de notre religion nous prescrivent de nous aimer les uns les autres, et prêchent la fraternité universelle. Singulière manière d'aimer son semblable que de lui plonger une baïonnette dans le corps! Et quoi de plus opposé aux préceptes de la religion que de voir des évêques, des hommes de Dieu, bénir les drapeaux qui doivent être déployés sur un champ de carnage? (*Applaudissements.*)

Messieurs, dans mon enfance, j'ai lu un apologue de Franklin, le célèbre philosophe américain. Cet apologue fit sur moi une si vive impression que je ne puis me dispenser de vous le raconter. Un être intelligent, dit Franklin, se vit transporté dans les cieux par un ange qui lui fit voir les principales planètes. Notre voyageur demanda à voir la terre : l'ange le suspendit dans les airs au-dessus de la mer des Antilles, au moment où la flotte anglaise de l'amiral Rodney allait combattre la flotte française commandée par le comte de Grasse. Ces deux flottes étaient montées par des milliers d'hommes qui ne s'étaient jamais rencontrés auparavant, et qui n'avaient par conséquent aucun sujet de haine ou d'inimitié. Tout à coup, d'un côté on arbora un pavillon rouge, de l'autre un pavillon blanc; et à ce signal, les deux flottes lâchèrent leurs bordées jusqu'à ce que les ponts des vaisseaux fussent inondés de sang et jonchés de cadavres mutilés.

A cet affreux spectacle le voyageur s'écrie : « Mais vous m'avez trompé ; ce n'est pas la terre, c'est l'enfer que vous me montrez. — Non, dit l'ange, les démons sont plus sages que les hommes, ils ne se battent pas entre eux ; les hommes emploient leurs forces à s'exterminer. »

Messieurs, à l'âge de neuf ans je suis entré dans la marine ; à onze ans, j'ai été fait prisonnier, et j'ai enduré les maux de la captivité ; j'ai recouvré la liberté et j'ai assisté à une douzaine de combats. J'ai été à même de voir de près les horreurs de la guerre, dont tant de gens ne connaissent que le côté poétique : les revues, les armes, les fêtes, les décorations étincelant au soleil. Puisse la Belgique, jusqu'ici l'arène où se sont décidées tant de luttes sanglantes, être la première à saluer l'œuvre de la paix universelle ! Puisse la bannière de la paix être arborée sur le sol de la Belgique ! (*Applaudissements prolongés.*)

M. HENRY RICHARD, secrétaire de la Société de la Paix de Londres. — Messieurs, en montant à cette tribune, je ne viens pas exprimer seulement mes convictions personnelles ; j'ai l'honneur de représenter dans cette assemblée la Société de la Paix de Londres, la plus importante peut-être qui ait été instituée dans le but de propager les grands principes au nom desquels le Congrès a été formé. Dès son origine, cette Société a pris pour base de ses travaux cet axiome que *la guerre est incompatible avec les préceptes et l'esprit du christianisme.* Tel est le point le plus sérieux de la question que nous discutons. Les orateurs qui m'ont précédé l'ont laissé sur l'arrière-plan ; qu'il me soit permis de le rétablir à la place qu'il doit occuper dans nos délibérations.

Oui, sans doute, la justice, l'humanité, la liberté, la civilisation, le commerce, tous les grands intérêts de la vie humaine et de la société ont à invoquer les arguments les plus graves contre la pratique barbare de la guerre ; mais n'oublions pas qu'elle n'encourt nulle part une condamnation aussi décisive et aussi impérative que dans le texte et l'esprit de l'Évangile.

Lorsqu'on représente à l'imagination épouvantée le tableau de la guerre et des maux qu'elle entraîne après elle ; lorsqu'on reconnaît à quelles passions funestes d'ambition, de cupidité, de vengeance, la guerre doit son existence ; lorsqu'on la suit à travers les siècles et que l'on contemple les scènes de désolation, de meurtres, de carnage dont elle a ensanglanté le théâtre de l'histoire ; lorsqu'on la voit portant toujours un orgueilleux défi à la justice, et faisant litière des droits sacrés de l'humanité, ne doit-il pas paraître étrange que dans le XIXe siècle de l'ère chrétienne, au cœur même de la chrétienté, on soit obligé d'établir la preuve que la guerre est le démenti le plus insolent donné aux doctrines et au génie de l'Évangile ?

L'orateur, se reportant à l'origine du christianisme, trouve dans le repos dont jouissait le monde à cette grande époque, après tant de guerres civiles et tant de guerres de conquêtes, une sorte de symbole du principe chrétien; la terre, fatiguée de convulsions et de carnage, semblait attendre dans un profond recueillement le signal qui devait lui annoncer ses futures destinées. Ce fut alors que les échos de Bethléem retentirent de ces paroles qui marquèrent le commencement d'une ère nouvelle : « Gloire à Dieu dans les cieux et paix sur la terre aux hommes de bonne volonté ! »

La vie entière du divin fondateur du christianisme n'a été que la mise en pratique des principes de l'Évangile. Toujours sa conduite fut en harmonie avec les sentiments d'amour et de fraternité qu'il venait inaugurer parmi les hommes, et lorsqu'en butte à la malignité de ses adversaires, nous le voyons suspendu à la croix, loin de songer à la vengeance, il murmure en expirant cette prière pour ses ennemis : « Mon Père, pardonnez-leur, car ils ne savent ce qu'ils font. »

Si c'est là l'exemple que les chrétiens doivent suivre, par quelle perversion de notre raison sommes-nous conduits à approuver une pratique si opposée aux doctrines et à la vie du fondateur de la religion que nous déclarons professer? Nous nous disons chrétiens et nous faisons la guerre! nous y applaudissons même! Êtres inconséquents que nous sommes! nous proclamons à haute voix des vérités que nous démentons par notre conduite.

Il est temps que la religion reprenne son empire sur ceux-là mêmes qui l'honorent du cœur et des lèvres, mais qui jusqu'ici ne l'ont pas honorée comme elle entend l'être, c'est-à-dire en conformant leurs actes à sa divine parole. La foi qui agit est la seule sincère. Qu'importe que nous nous tenions pour chrétiens fidèles, si nous n'obéissons pas aux préceptes d'amour et de paix qui ont retenti sur le Calvaire pour le salut et le bonheur des hommes?

Mais on nous dira : Quel est donc votre espoir? vous n'êtes qu'une minorité imperceptible, qui sert d'objet de risée et de dédain à l'immense majorité. Où est votre puissance pour changer un état de choses consacré par les siècles?

Notre puissance! elle est dans la vérité dont nous sommes les organes. Nous la ferons rayonner cette vérité sur l'opinion publique qui la réfléchira avec cette force d'action qui lui appartient; nous la ferons pénétrer dans la conscience humaine, et lorsque les convictions se seront formées, elles auront assez de pouvoir pour frapper d'inertie les bras qui oseraient encore saisir les armes.

Avant tout, nous devons montrer la guerre sous ses couleurs réelles.

Arrachons-lui le masque dont elle se couvre la figure, et, sans égard pour le vernis d'honneur, de patriotisme et de gloire sous lequel elle se déguise, dévoilons-la aux yeux du monde sous son véritable aspect, sous celui d'un gigantesque meurtrier, ivre d'ambition et de carnage, et teint du sang de ses innombrables victimes. (*Applaudissements.*)

M. LE PRÉSIDENT. — Il n'y a plus d'orateurs inscrits, et l'heure est venue de clore la séance. Ce soir à sept heures nous la reprendrons.

La séance est levée à quatre heures et demie.

---

## DEUXIÈME SÉANCE. — 20 SEPTEMBRE, AU SOIR.

PRÉSIDENCE DE M. VISSCHERS.

A sept heures et quart la séance est ouverte.

M. LEHARDY DE BEAULIEU, l'un des secrétaires, donne lecture du procès-verbal de la séance du matin. La rédaction en est adoptée.

M. BOURSON, secrétaire, fait la communication suivante :

« M. X. Heuschling présente une note sur les avantages que la paix a apportés à la Belgique, en lui permettant de consacrer des sommes importantes à l'avancement de ses voies de communication, de l'instruction publique et des beaux-arts. »

Dépôt dans les archives.

M. LE PRÉSIDENT. — Messieurs, sur la proposition qui a été discutée ce matin, le comité propose la résolution suivante :

« Le Congrès déclare que l'appel aux armes pour résoudre les différends internationaux est un usage que condamnent à la fois la religion, la raison, la justice, l'humanité et l'intérêt des peuples. En conséquence, c'est pour le monde civilisé un devoir et un moyen de salut d'adopter les mesures propres à amener l'abolition entière de la guerre. »

Personne ne demandant la parole, cette proposition est adoptée à la presque unanimité. (Un seul membre, M. Ramon de la Sagra, se lève contre.)

L'ordre du jour appelle la discussion de la proposition suivante :

« *Utilité et nécessité de l'adoption par tous les gouvernements, dans les traités à intervenir, d'une clause par laquelle les différends qui pourraient s'élever entre eux, et pourraient conduire à un appel aux armes, seraient soumis à un arbitrage et arrangés par voie de médiation.* »

M. CHAMEROVZOW, secrétaire de la Société pour la protection des Indigènes, donne lecture d'une note écrite sur ce sujet par M. Williams Stokes, agent de la Société de la Paix et délégué à Bruxelles.

Dans cette note, l'honorable membre démontre qu'il est de la plus urgente nécessité d'avoir recours, pour la solution de tous les différends, à un arbitrage qui aurait pour premier résultat de familiariser les gouvernements avec une grande loi générale, qu'on a beaucoup trop négligée jusqu'à présent, et de leur faire comprendre qu'il est une force plus grande que celle des armes. L'arbitrage habituerait les peuples à l'interposition de cette loi supérieure, et on ne donnerait plus des louanges exagérées aux triomphes que les nations peuvent remporter sur les champs de bataille. Il resserrerait les liens d'amitié entre les peuples, parce que, leurs intérêts positifs étant toujours en rapport, les sympathies des peuples grandiraient sans cesse; tandis que la guerre les diminue et quelquefois même les détruit entièrement.

L'arbitrage, en tranquillisant les esprits, amènerait de grandes économies en supprimant des dépenses inutiles, diminuerait les impôts, et mettrait un terme à ces sacrifices de la vie de milliers d'hommes moissonnés par la guerre, car les gouvernements auraient à s'occuper beaucoup plus de la vie des citoyens que d'un point douteux d'honneur international. L'arbitrage serait encore le meilleur préliminaire à un Congrès des nations. Enfin, les armées seraient congédiées au fur et à mesure que le système de l'arbitrage prendrait de l'extension; on ferait des citoyens industrieux de ces hommes qui aujourd'hui mènent dans les armées une vie oisive. Les armées finiraient par disparaître entièrement, de sorte qu'en jouissant de la paix les peuples finiraient par ne plus apprendre le métier de la guerre. La paix sur la terre et la bienveillance pour l'homme deviendraient universelles. (*Applaudissements.*)

M. LE PRÉSIDENT. — M. Scoble va vous donner lecture en anglais d'une lettre que vous entendrez sans doute avec beaucoup d'intérêt.

M. SCOBLE. — Cette lettre est de l'honorable M. Cobden. (*Applaudissements.*)

« Mon cher Sturge,

« Je regrette de ne pouvoir accepter l'invitation pour le Congrès de Bruxelles; mais je vous prie d'être l'interprète de mes vœux pour le succès de votre démonstration pacifique.

« On me demande mon opinion sur trois propositions qui doivent être soumises au Congrès :

« 1° L'utilité de recommander l'insertion, dans tous les traités internationaux, d'une clause d'après laquelle toutes les contestations seraient résolues par voie de médiation. — J'approuve de tout cœur cette proposition, mais qu'il me soit permis d'indiquer qu'il vaudrait mieux recommander que des traités fussent faits expressément pour obliger les nations contractantes à soumettre leurs contestations à la décision d'arbitres; je ne pense pas qu'il soit facile de trouver un objet plus digne d'un traité spécial, que celui dont il est question dans cette clause.

« 2° L'utilité d'établir un Congrès des nations pour former un code international. — Jusqu'à ce que j'aie entendu les arguments en faveur de cette proposition, je douterai de son utilité.

« 3° Recommander, comme un objet de la première importance, un désarmement général aux différents gouvernements de la chrétienté. — J'espère que le Congrès cherchera à ouvrir les yeux de toutes les nations de l'Europe sur les énormes dépenses occasionnées par leurs armements permanents. Pour atteindre ce but, vous n'avez qu'à publier, dans les différentes langues du continent, quelques faits bien simples. Lorsque l'année dernière je voyageais sur le continent, j'ai pris quelques peines pour être bien renseigné sur les détails statistiques suivants : rappelez-vous qu'alors aucun symptôme révolutionnaire n'avait apparu, et que les armements se sont accrus partout pendant la présente année.

« J'ai calculé que la force totale effective des armées régulières de l'Europe en 1847, y compris celle de la Grande-Bretagne, montait à plus de 2,200,000 hommes, et que le nombre d'hommes à bord des vaisseaux de guerre excédait 150,000, ce qui fait ensemble 2,350,000 hommes, tant soldats de terre que de mer. Les gardes nationales de France et de Suisse, la landwehr de l'Allemagne et les autres corps susceptibles d'un service militaire temporaire, je suis bien modéré en les évaluant à un million d'hommes. Ajoutez à cela les agents de police armés, les gardes civiques, les gendarmes et les douaniers, et vous aurez un total de près de 4 millions d'hommes armés. Mais je m'arrête pour un moment aux

2,550,000 soldats de terre et de mer : c'est ce qu'on appelle les armées sur pied de paix ; mais je doute que dans la période la plus active des guerres de Napoléon, il y ait eu une force armée effective aussi considérable en Europe ; elle a pu être plus nombreuse sur le papier ; mais un plus grand nombre étaient dans les hôpitaux ou hors de service par d'autres causes.

« Il n'est pas facile de calculer la dépense précise de ces armements. Si sur le continent la dépense par homme est la même qu'en Angleterre (mais ce serait une évaluation exagérée), les dépenses directes pour les forces régulières seules monteraient à 250,000,000 de liv. par an. Il y a en outre de grandes dépenses pour entretenir et réparer les places fortes sur le continent, dépenses dont l'Angleterre est presque exempte. Il faut aussi se rappeler que les hommes qui sont ainsi enlevés aux travaux productifs sont tous dans la force de l'âge, et en calculant que chaque homme serait capable de produire, soit dans l'agriculture, soit dans les manufactures, la somme bien modeste de 50 liv. par an, cela fait une perte totale d'un million de livres par an. Je n'ai pas parlé de la dépense nécessaire pour les armes et l'équipement des gardes nationales et de la landwehr, ni de la valeur du travail enlevé aux occupations privées et qu'on sacrifie au service militaire temporaire. Sans vouloir affirmer l'exactitude précise de mes évaluations, j'irai au devant de toutes les objections, et je me contenterai de dire que la dépense de tous les armements permanents de l'Europe, sans compter la police, monte à plus de 200 millions sterling par an. Ces charges énormes doivent avoir considérablement aggravé les souffrances des populations industrielles pendant les dernières mauvaises années, et peuvent avoir contribué à causer ce mécontentement qui a si souvent fini par des révolutions.

« On m'objectera peut-être que j'en appelle à des motifs peu élevés, en envisageant ainsi la question sous le point de vue pécuniaire. Cela est vrai ; mais si le Nouveau Testament n'a pu inspirer aux nations chrétiennes la foi dans les principes de la paix, je suis bien excusable de démontrer combien a été coûteux l'appui qu'on a cherché dans la guerre pour se défendre. Lorsque Jenner faisait ses appels à l'humanité de certaines autorités paroissiales, il ne réussit à leur faire adopter sa découverte qu'en leur prouvant qu'il en coûterait moins de vacciner les pauvres que de payer les cercueils pour ceux qui mouraient de la variole. Mais il n'y a pas de danger que le Congrès perde de vue le côté moral de la question. Le système moderne (car il est d'origine moderne) de maintenir des armées permanentes en temps de paix est un scandale pour la civilisation de notre siècle. Il proclame une défiance complète de la part de chaque nation européenne dans les protestations pacifiques des autres, et nous fait retourner en arrière à cet état de société où les tribus barbares étaient toujours armées, s'attendant à chaque instant à être attaquées par leurs sauvages voisins.

« Probablement sur le continent on vous traitera de ridicules, comme je l'ai été en Angleterre, pour plaider en faveur d'une utopie telle qu'un désarmement général. La majorité de l'humanité est peut-être opposée à nos vues, ou seulement indifférente; mais vous savez qu'en combattant pour un principe basé sur la vérité, et sanctionné par la loi de Dieu, nous n'avons qu'à persévérer pour changer notre minorité en majorité. Votre Congrès sera la protestation contre un système qui répugne à l'humanité et au sens commun, et je ne puis que répéter le regret que j'éprouve de n'avoir pu prendre une part personnelle à vos travaux.

« Croyez-moi, etc.

« Signé : R. COBDEN. »

M. BOURSON donne lecture de la traduction de cette lettre en français : cette lecture est suivie de nombreux applaudissements.

M. ROUSSEL, professeur à l'Université de Bruxelles. — Messieurs, il y a vingt ans à peu près que je me livre à l'étude du droit, et je demanderai à M. le président de cette assemblée la permission de lui faire une déclaration sincère; c'est que toutes mes études ont abouti à me démontrer que la paix est la loi de l'humanité civilisée.

En effet, lorsque j'examine l'homme pris individuellement, je trouve que le premier élément de son bonheur, de son perfectionnement, c'est la paix de l'âme, la paix du cœur. (*Applaudissements.*) La paix de l'âme dans une chaumière vaut mieux que le désordre et le remords dans un palais. (*Applaudissements.*) C'est à l'aide de la paix avec lui-même et avec autrui que l'homme prospère, qu'il s'enrichit, qu'il s'ennoblit par les qualités du cœur et de l'esprit.

Si je regarde l'homme en état de société, si je le prends dans la famille, qu'y trouvé-je? L'homme n'est heureux que par la paix du foyer domestique. C'est là qu'est le vrai bonheur, et la grande majorité de cette assemblée le connaît, je n'en doute pas; je n'ai donc rien à en dire.

Dans les associations commerciales et industrielles, quel est le premier élément de succès? La concorde. « *Concordia res parvæ crescunt, discordia maximæ dilabuntur.* »

Et ce qui est une loi pour l'homme, pour la famille, ne serait pas une loi pour les nations! Et l'on viendrait me dire que ce que l'homme individuellement ne peut faire sous peine de périr, il doit le faire comme corps de nation sous peine de périr. Il est impossible d'admettre une telle contradiction. La paix, c'est la loi de l'humanité civilisée. (*Applaudisse-ments.*)

Mais le grand reproche qu'on fait à notre système, c'est l'impraticabilité. Comment! nous dit-on, c'est un rêve. Eh bien, le bon abbé de Saint-Pierre l'avait déjà fait, et j'espère démontrer que la chose est praticable.

Pourquoi serait-elle impraticable? La Providence a-t-elle imposé une seule loi impraticable, et pouvez-vous croire que Dieu fût tombé dans une telle contradiction, en donnant des lois d'un côté et en refusant de l'autre côté les moyens de les exécuter? (*Applaudissements.*)

Examinons la question en elle-même dans tous ses développements, et vous serez convaincus qu'un jour viendra où la guerre disparaîtra.

La guerre n'est pas neuve sur la terre; elle a d'abord existé chez les individus; les vengeances particulières s'exerçaient sans frein. Dieu merci, elles sont beaucoup plus rares aujourd'hui; l'action de la loi répressive a rarement à sévir.

La guerre a existé de famille à famille; elle a disparu, il n'en reste plus de trace. Les guerres de seigneur à seigneur, de commune à commune, que sont-elles devenues? Elles sont anéanties; et la seule guerre qui nous reste, nous voudrions qu'elle ne suivît pas le sort commun de toutes les guerres? Elle disparaîtra de la surface de la terre pour faire place à un hymne saint que les nations chanteront à la gloire de la Providence. (*Applaudissements.*)

La civilisation est un grand moyen, mais elle doit employer des intermédiaires, et parmi ces intermédiaires le premier que nous rencontrons c'est l'arbitrage.

L'arbitrage en matière internationale vaut mieux que la guerre : la guerre est comme ce mauvais juge qui mange l'huître et laisse les écailles aux plaideurs.

Le grand avantage de l'arbitrage, c'est donc d'empêcher la guerre, c'est de former des relations internationales fixes, précises, déterminées, écrites dans des lois communes, votées par tous les peuples réunis.

Mais, dit-on, cela est impossible. Pourquoi? L'arbitrage est impossible, parce que nous n'avons pas d'arbitre qui jugera les différends des nations.

Qui jugera les différends? Mais le premier venu, car le premier venu serait meilleur juge que la guerre. Le premier venu vaudra mieux, en se servant d'un peu de jugement au lieu de coups de canon, pour trancher les difficultés.

L'arbitrage est impossible, parce qu'il s'agit de contestations internationales! Eh bien, messieurs, veuillez y réfléchir et vous trouverez que les contestations internationales s'appliquent toutes aux mêmes objets que les contestations privées. Les nations ont des différends entre elles sur des questions de propriété, d'honneur et de dignité. Or, tous ces mêmes cas se reproduisent dans les contestations privées : tous les jours il arrive qu'un individu a une contestation pour une question de propriété ou pour une question d'honneur, et cette contestation ne peut-elle pas être soumise au juge de paix ou aux arbitres ?

L'impraticabilité de l'arbitrage! mais elle ne provient que de la routine ou des faux préjugés qui ne permettent pas de reconnaître une erreur. Mais le jour où la lumière se fera, où les hommes reconnaîtront que tant de sang a été répandu en vain, et qu'on pourrait demander aux générations qui nous ont précédés : Qu'avez-vous fait de vos frères? la guerre disparaîtra, l'arbitrage prendra sa place; c'est le vœu que je fais; puissent les efforts de cet honorable Congrès contribuer à le voir réalisé! (*Applaudissements prolongés.*)

M. PANCHAUD, ministre du saint Évangile à Bruxelles. — Messieurs, c'est comme citoyen d'une république qui a inscrit dans sa constitution la neutralité, c'est comme compatriote d'un homme dont le nom honorable a été proclamé ce matin, que je me présente devant vous; mais c'est surtout comme chrétien que je viens me joindre à une honorable société et à ses travaux. Je les accompagne de tous mes vœux, et j'essayerai, par mes faibles moyens, de soutenir le mode d'arbitrage à substituer aux guerres qui depuis tant d'années ont ensanglanté le continent.

Depuis longtemps je m'occupais de cette question; mais depuis quelques mois, à la lecture des papiers publics, j'ai senti mon cœur désormais dévoué complétement à la cause de la paix, lorsque j'ai lu que le jour de Pâques, dans le duché de Schleswig, deux armées s'étaient rencontrées tout à coup sur le sol d'un paisible village, où les paroissiens étaient réunis autour de leur pasteur, et que ce beau jour de Pâques avait été ensanglanté par les combats qui se sont livrés, de telle sorte que le soir on releva plus de soixante cadavres. Je me suis demandé s'il était chrétien que des hommes professant le même culte se rencontrassent ainsi pour se battre, le jour même où Jésus-Christ, du haut de sa gloire, proclamait la paix du monde.

Réfléchissant dès lors plus attentivement à cette question, j'ai été extraordinairement frappé du change (permettez-moi cette expression familière) que l'on donne à l'opinion publique sur la question de la guerre relativement au christianisme.

N'a-t-on pas parlé ce matin de la bénédiction qu'on implorait du Dieu des armées? N'est-ce pas la croix qui était tracée sur les oriflammes? et n'a-t-on pas dit que dans les deux camps on priait pour que les victimes fussent dans le camp ennemi? et lorsque la victoire était obtenue, n'entendait-on pas des *Te Deum* retentir dans les cathédrales? Toutes les fois qu'une guerre a été déclarée, a-t-on vu beaucoup d'hommes protester au nom du christianisme contre ce moyen barbare de terminer les différends?

Messieurs, la guerre est une profanation du christianisme, dont cependant nous voyons dans nos villes et dans nos campagnes les signes extérieurs et les édifices.

Je prétends (permettez-moi cette hardiesse, mais ému par la solennité de la question, permettez-moi d'aller peut-être au delà de ce que je devrais dire), je prétends que si la guerre était déclarée, bien peu d'hommes qui s'appellent conducteurs spirituels, et dont nous voyons un trop petit nombre parmi nous, oseraient signer une adresse au gouvernement pour lui dire : « Nous ne pouvons approuver la guerre qui va mettre en présence des chrétiens les uns contre les autres. » La guerre se fera encore et nous verrons les hommes se plonger le fer dans le sein l'un de l'autre.

Il ne manque pas cependant, il faut en convenir, de raisons spécieuses tirées du christianisme, pour maintenir la guerre comme moyen de terminer les différends, plutôt que d'adopter cette mesure si sage de l'arbitrage entre nations.

On nous a rappelé ce matin que l'Éternel s'appelle le Dieu des armées; mais ce serait faire injure à vos lumières que de vous rappeler que ce n'est pas de nos soldats que l'Éternel est le Dieu, mais bien de l'armée des cieux. N'est-ce pas de Dieu qu'il est dit : Saint, Saint, Saint?

Mais ce sont les armées des intelligences célestes dont l'Éternel est le chef et le Roi des rois.

On a parlé des guerres de l'Ancien Testament; mais on a oublié que la loi de l'Ancien Testament n'existe plus, et que Jésus-Christ a dit : « Gloire à Dieu au plus haut des cieux, et paix sur la terre, bienveillance parmi les hommes. »

Voilà maintenant la loi qui nous régit. L'Ancien Testament était pour un seul pays; le christianisme est universel, et il tend à unir tous les hommes par les liens de la fraternité. (*Applaudissements.*) N'est-il pas également connu que le Christ nous a dit : « Il n'y a qu'un seul Père qui est Dieu, et vous êtes tous des frères? »

Réfléchissant sur la mesure qui vous est proposée maintenant, elle n'est autre chose que ce qui a été dit par Jésus-Christ : « Si ton frère a péché, reprends-le entre toi et ton frère; s'il ne t'écoute pas, prends deux de tes frères. » Voilà l'arbitrage, messieurs. L'arbitrage est une loi prêchée par le Christ.

Après avoir donné quelques développements à cette idée, l'orateur ter-

mine en disant : Je veux la paix, je la veux comme Jésus-Christ l'a prêchée, sublime comme lui, et réalisant les promesses de la vie présente et
les promesses de la vie à venir.

M. RASTOUL DE MONGEOT, homme de lettres, commence par déclarer
que les orateurs qui l'ont précédé à la tribune lui ont laissé bien peu de
chose à dire, car ils ont examiné la question sous toutes ses faces; cependant il ajoutera encore quelques mots.

Après avoir fait l'historique des guerres de l'antiquité et du moyen
âge, et retracé les malheurs qu'elles ont entraînés à leur suite, il rappelle
les conseils amphictyoniques qui jugeaient les différends de peuple à peuple, et dont les décisions étaient toujours respectées. C'était là un arbitrage, l'application de ce mode n'est donc pas nouvelle ni impossible.

Il pense que la paix finira par régner sur le monde entier. Il y a, dit-il,
comme l'a dit notre honorable président, une force plus grande que la
guerre, c'est l'opinion publique; unissons-nous dans cette pensée et nous
triompherons de cette dernière raison des rois. Formons une sainte croisade, non pour aller conquérir le tombeau du Christ, mais pour établir
une paix universelle; et de même que Godefroid de Bouillon combattait
aux cris de *Dieu le veut!* établissons une paix universelle en criant *Dieu
le veut*, et le succès couronnera nos efforts. (*Applaudissements.*)

M. LE PRÉSIDENT. — J'engage les orateurs à se renfermer dans la question de l'arbitrage.

M. RAMON DE LA SAGRA, de Madrid. — Je regrette qu'au moment où la
parole m'est accordée, M. le président ait jugé à propos de recommander
aux orateurs de se tenir dans les termes de la seconde proposition du programme, après avoir permis à d'autres orateurs d'entrer dans des développements assez longs sur la question capitale. J'espère qu'il me sera
permis d'en dire quelques mots.

Tous les orateurs ont fait l'apologie de la paix et ont blâmé la guerre.
Sous ce rapport, je crois que tout le monde est d'accord; on peut interroger tout le monde, et je crois que tout le monde sera unanime pour reconnaître les avantages de la paix. Cependant la guerre règne dans la
société; les armées permanentes sont aujourd'hui la base de l'ordre social. La force des armes a été la garantie de l'ordre social depuis le commencement de l'humanité. Condamner la guerre, c'est condamner toute
l'humanité, sous l'anathème de barbare, d'absurde et d'antichrétienne.
Cela mérite quelque réflexion, car cela n'embrasse pas seulement les générations passées, mais comprend aussi la génération actuelle.

Tout le monde est d'accord sur les avantages de la paix : il n'y aura
pas de guerre quand vous aurez créé l'ordre et l'harmonie; la paix n'est
pas un principe, elle n'est qu'une conséquence de l'état de l'ordre social.

Vous allez vous débattre sur l'utilité de la paix, alors que tout le monde est d'accord pour reconnaître cette utilité : mais pourquoi n'y a-t-il pas de paix dans le monde? Parce qu'il n'y a pas d'accord, il n'y a pas d'harmonie. (*Applaudissements.*)

Un orateur a cité des exemples, et a parlé de l'harmonie parfaite qui existe dans le commerce : il vous a dit qu'il n'y a plus de guerre d'individu à individu, de commune à commune, et que maintenant tous se soumettent à la loi.

Mais sur quoi les lois reposent-elles aujourd'hui? Sur la force. Les tribunaux sont garantis par la force brutale, par les armées. Supprimez les armées, il n'y aura plus de sanction aux lois.

On parle d'arbitrage entre nations; des délégués des nations jugeraient tous les différends qui pourraient s'élever. Mais pour constituer l'arbitrage, il faut une règle. Cette règle est dictée par la force ou par la raison. Montrez-nous donc ce code humanitaire sous le point de vue de la raison, et alors tout le monde sera d'accord qu'il n'y aura plus de guerre possible. Mais soumettre à l'arbitrage les grandes affaires de nation à nation, c'est impossible. Supposons qu'une contestation entre deux pays soit soumise à l'arbitrage; pour faire accepter la décision, il faudra que la force soit derrière; si on fait appel à l'arbitrage et qu'on ne se soumette pas à la décision de l'arbitre, quel moyen y aura-t-il de faire respecter la décision? Il faudra recourir à la force des armées; s'il n'y a pas d'armée, qui obéira? personne; moi-même le premier, j'enverrais promener les arbitres. (*Hilarité et applaudissements.*)

M. SCOBLE engage les visiteurs à s'abstenir d'applaudir : il n'y a, suivant lui, que les membres du Congrès qui puissent manifester ainsi leur opinion.

M. HAUMAN regrette l'interruption de M. Scoble. M. Ramon de la Sagra a attaqué les moyens proposés par le comité; mais il partage sans aucun doute l'opinion de tous les membres du Congrès sur le désir de voir signer une paix universelle. Ce n'est que le moyen qu'il combat; qu'il en propose d'autres et on les discutera. Il faut que la parole lui soit continuée.

M. RAMON DE LA SAGRA. — L'humanité a vécu jusqu'aujourd'hui sous l'empire de la force, et l'humanité ne peut être condamnée par l'opinion de quelques individus. Pourquoi cette domination de la force a-t-elle été nécessaire? Parce que seule elle donne des garanties à l'ordre social; parce qu'il faut la force pour se faire obéir.

L'orateur fait remarquer que les lois ont toujours été acceptées ou par la foi ou par la force; qu'aujourd'hui la foi n'existe plus, et qu'il n'y a plus que la force qui soit un élément d'ordre; et que celui qui voudrait détruire cette garantie de l'ordre social serait un anarchiste.

On a dit qu'à une autre époque il y avait des guerres de province à province. Oui, parce que chaque province était une espèce de petit royaume dont les intérêts étaient opposés à ceux des autres provinces ; mais quand elles ont été fondues sous une même monarchie, la guerre était devenue impossible. Mais n'avez-vous pas vu se développer d'une manière effroyable, dans l'époque moderne, la guerre civile, la guerre de parti à parti? et iriez-vous soumettre à un arbitrage les opinions des partis? Évidemment non, vous ne le pourriez pas.

L'orateur termine en déclarant que, suivant lui, l'arbitrage est impossible, car il serait sans sanction, à moins qu'il ne fût appuyé sur la force brutale : l'abolition des armées serait donc une chose tout à fait anarchique. (*Applaudissements.*)

M. STURGE, de Birmingham, s'adresse à l'auditoire en anglais. Il annonce qu'il est chargé par ses amis, les délégués anglais, d'exprimer leur profonde reconnaissance pour l'accueil qu'ils ont reçu en Belgique. Il remercie en particulier les habitants d'Ostende pour la réception qu'ils leur avaient préparée, et qui a été malheureusement rendue inutile par le retard qu'a éprouvé le bateau à vapeur dans sa traversée. Les classes moyennes et laborieuses en Angleterre, dit l'orateur, sont en faveur de la paix. J'habite la ville de Birmingham, un des plus grands arsenaux du monde pour la fabrication des armes de guerre ; l'industrie de cette ville est intimement liée avec le maintien des armées, et cela n'a pas empêché des résolutions pacifiques d'y être adoptées dans des réunions de plusieurs milliers de personnes. Je partage entièrement l'opinion de mon ami Richard Cobden sur la nécessité d'un Congrès spécial pour l'introduction du principe de l'arbitrage dans les différends internationaux. L'orateur termine en exprimant la douce satisfaction qu'il éprouve de voir la réunion du Congrès de Bruxelles. Plus de cent cinquante délégués anglais s'y sont rendus ; pour y arriver, beaucoup d'entre eux ont fait plusieurs centaines de lieues. Si l'on avait été prévenu deux ou trois semaines plus tôt, il en serait venu, sans doute, un nombre beaucoup plus considérable. (*Applaudissements.*)

M. BUCKINGHAM, ancien membre du Parlement, monte à la tribune pour répondre au discours de M. Ramon de la Sagra. L'orateur prend la parole en anglais, mais sur l'observation de M. Bourson, appuyée par l'auditoire, il prononce un discours en français qui est fréquemment interrompu par des applaudissements.

M. de la Sagra, dit l'orateur, a prétendu qu'en condamnant la guerre, nous prononçons un anathème contre toute l'humanité. Nous ne condamnons que ce qu'il y a de mauvais dans l'humanité. La guerre, a dit notre honorable contradicteur, dure depuis que la société existe. Mais le vol, le mensonge, la trahison, ont existé depuis la naissance de l'humanité. Si l'antiquité est un motif pour rendre une chose respectable, pourquoi ne pas citer l'exemple de Caïn qui tua son frère, et de Noé qui s'enivra? (*Hilarité.*) Je suis vraiment étonné de voir un homme grave et mûri par les années monter à la tribune pour défendre la guerre.

M. de la Sagra a dit que l'arbitrage est impraticable. C'est là une pétition de principe. Que dis-je? des faits nombreux déposent contre cette assertion. Sans remonter à des exemples tirés de l'antiquité, n'a-t-on pas vu dans les derniers temps plusieurs exemples du recours à l'arbitrage? Il s'éleva, il y a quelques années, un différend très-grave entre la France et les États-Unis, au sujet d'une somme de plusieurs millions dus par la France. La question s'envenima, on était à la veille d'une guerre; le différend fut soumis à l'arbitrage de l'Angleterre, qui décida que la France devait payer la somme réclamée; la France se soumit à cette décision, et la cause de guerre fut écartée. Plus tard il surgit un différend entre l'Angleterre et les États-Unis, au sujet de la ligne de séparation des frontières respectives de ces deux puissances. La question resta longtemps indécise; il y eut un moment où la guerre paraissait le seul moyen de trancher le différend; j'étais alors en Amérique et je me souviens qu'on me présentait la guerre comme inévitable. Lord Ashburton, membre de la fameuse maison Baring, fut envoyé en Amérique comme médiateur; il s'entendit avec les hommes d'État de l'Union, et la question reçut une solution pacifique à la satisfaction des deux parties. Aujourd'hui même la question austro-italienne est soumise à la médiation de l'Angleterre et de la France. Mais il aurait mieux valu y avoir recours avant la sanglante campagne qui vient d'avoir lieu en Lombardie. Ce n'est qu'après des désastres incalculables qu'on a recours à l'arbitrage et qu'on rend hommage à l'excellence de notre principe.

Pour en revenir à notre honorable contradicteur, M. de la Sagra, je crois qu'il n'a pas bien lu le programme de notre Congrès : autrement il y aurait trouvé que l'ordre du jour pour demain a rapport à l'établissement d'un code international. Tant que ce code suprême ne sera pas établi, on fera appel au hasard brutal de la guerre, et on verra se renouveler le spectacle dont parle lord Byron, de quatre armées, réunies dans le même pays, chantant des *Te Deum* et croyant chacune avoir le droit de son côté. Aujourd'hui qui voudrait renoncer aux tribunaux établis pour juger les différends, et rétrograder jusqu'à l'époque féodale où les combats entre les vassaux décidaient des différends entre les seigneurs? Personne, je suppose, si ce n'est peut-être l'honorable orateur auquel j'entreprends de répondre. (*Hilarité.*) Il y a des hommes qui aiment à se distinguer par leur originalité. (*Rires.*) Les uns sont en avant, les autres en arrière de leur siècle. Les Anglais et les Français se sont fait la guerre depuis plusieurs siècles avec des chances diverses ; Waterloo, ce champ de bataille à quelques lieues d'ici, qu'a-t-il produit, si ce n'est chez les Français un désir ardent, que rien ne peut éteindre, d'obtenir la revanche de cette sanglante journée? Et il en sera toujours ainsi, tant que l'arbitrage ne sera pas établi comme règle générale entre les nations. Messieurs, dit l'orateur en terminant, si je suis parvenu à répondre au discours de M. de la Sagra, je vous promets que j'en dormirai mieux cette nuit, et que je me réveillerai demain avec la conscience d'autant plus satisfaite. (*Applaudissements prolongés.*)

M. HAUMAN. — J'adresserai une courte interpellation à M. Ramon de la Sagra. Je pense qu'il s'est associé à nous dans le but d'arriver à l'établissement de la paix universelle. Il vient d'établir que jusqu'ici deux forces ont régné dans la société, la force brutale et la foi. La foi n'existe plus, et nous essayons de détruire la force brutale; et s'il faut en croire M. Ramon de la Sagra, le but que nous nous proposons serait imaginaire, et n'aurait pas de solution favorable. Je demanderai à M. Ramon de la Sagra de nous dire s'il connaît un moyen nouveau, autre que l'arbitrage, pour régler les affaires de ce monde, sans recourir à la foi religieuse, qui ne peut plus exister, et à la force brutale. C'est le problème que nous cherchons à résoudre.

M. RAMON DE LA SAGRA déclare qu'il n'est pas un apôtre de la guerre, mais que cependant il la considère comme nécessaire pour garantir et conserver l'ordre social; que, suivant lui, l'abolition de la force armée conduirait infailliblement à la plus épouvantable des anarchies.

M. SOMERSET, d'Irlande. — Je regrette de ne pas pouvoir m'exprimer mieux en français, mais l'attaque ayant été faite en cette langue, je crois que la réplique doit être faite de même, afin que le débat soit mieux compris.

Je ne parlerai que sur une des propositions de l'honorable membre de Madrid; je crois que les autres ont été parfaitement réfutées par M. Buckingham. (*Applaudissements.*)

La proposition sur laquelle je désire parler, c'est que, suivant l'honorable membre, on ne pourra arriver à une paix universelle qu'au moyen de la force ou de la foi.

J'ai entendu dire que la foi nous manquait : oh! messieurs, ce n'est pas l'opinion de cette assemblée. On ne croit pas que la foi nous manque. Et n'avez-vous pas entendu ces paroles éloquentes de notre président qui nous a dit ce matin que, s'il y avait la force brutale, il y a une force bien plus grande, la force de l'opinion publique. Nous avons donc la foi et la force.

Remarquez, messieurs, que dans notre pays, en Angleterre, il y avait en faveur de la loi sur les céréales une prévention aussi forte que celle pour le droit d'aînesse, par suite duquel tant de jeunes gens se trouvent malheureux. Mais comment a-t-on pu détruire cette force qui existait pour la loi des céréales? Comment Cobden a-t-il pu, lui, détruire cette loi, malgré la force qu'elle avait en Angleterre? C'est qu'il avait pour lui une force plus grande, la force de l'opinion publique. (*Applaudissements.*) On niait, on ridiculisait la force de Cobden, et cependant il a réussi à faire disparaître ce qui existait depuis des siècles. Eh bien, nous ferons la même chose pour la guerre. Eh! messieurs, nous avons tous quelque chose qui nous intéresse, qui intéresse l'ouvrier le plus pauvre; c'est la bourse; tous, sans exception, nous sommes intéressés à faire anéantir la guerre, ce fardeau qui pèse sur le riche comme sur le plus pauvre; la guerre, le plus grand ennemi de la civilisation. Nous nous lèverons tous pour dire : Non, nous ne voulons pas la guerre, l'opinion publique ne la veut pas.

Ce qui me prouve que la force de l'opinion publique ne nous manquera jamais, c'est ce que je vois autour de moi, ici, dans cette enceinte, où on s'est empressé de venir à ce Congrès et d'y rester des heures et des heures. Une preuve de plus, c'est la bienveillance avec laquelle vous avez écouté mon mauvais français; et je vous en remercie. (*Applaudissements.*)

M. JOHN ALLEN, de Liskeard (Angleterre), s'exprime en anglais. — Bien que je ne partage pas les opinions de M. de la Sagra, je lui sais gré d'avoir soutenu sa doctrine; un peu de discussion donne du piquant au débat; et je suis toujours heureux d'entendre émettre une opinion consciencieuse. L'orateur invoque les préceptes du christianisme à l'appui de la doctrine de la paix. La vérité finira par triompher. Elle dissipera les ténèbres des préjugés et de l'erreur, ainsi que le soleil, ami de la Belgique, dissipa hier le brouillard qui avait retardé notre arrivée sur votre heureux rivage. (*Applaudissements.*)

La séance est levée à dix heures et un quart, et renvoyée au lendemain, à dix heures du matin.

## TROISIÈME SÉANCE. — 21 SEPTEMBRE, AU MATIN.

—

PRÉSIDENCE DE M. VISSCHERS.

La séance est ouverte à dix heures un quart.

M. LEHARDY DE BEAULIEU donne lecture du procès-verbal de la séance d'hier soir. La rédaction en est approuvée.

M. LE PRÉSIDENT. — Le comité propose la résolution suivante sur la proposition qui a été discutée hier soir :

« Il est de la plus haute importance d'insister auprès des gouvernements pour qu'au moyen d'un arbitrage, dont les principes seraient posés dans les traités, on termine, par voie amiable et selon les règles de la justice, les différends qui pourraient s'élever entre les nations. Des arbitres spéciaux, ou une cour suprême internationale, prononceraient en dernier ressort. »

UN MEMBRE. — Je demande la parole.

M. LE PRÉSIDENT. — Nous sommes au vote. Est-ce sur la position de la question?

LE MEMBRE. — Non.

M. LE PRÉSIDENT. — En ce cas, je ne puis vous accorder la parole. Il va être procédé au vote.

La proposition mise aux voix est adoptée. (MM. Suringar et Ramon de la Sagra se lèvent contre.)

M. SURINGAR. — On peut ne pas être d'accord sur la rédaction d'une proposition, et être d'accord sur la question principale. On avait demandé la parole à M. le président qui l'a refusée, on n'a donc pu s'expliquer.

M. LE PRÉSIDENT. — Si je dois m'expliquer, je ferai remarquer que j'ai demandé à l'honorable membre s'il voulait parler sur la position de la question; il m'a répondu que non, et par conséquent j'ai dû maintenir l'ordre du jour. (Très-bien.)

L'ordre du jour appelle la discussion de la proposition suivante :

*« Utilité de la convocation d'un Congrès composé de délégués de toutes les nations, ayant la mission de rédiger un code international qui aurait pour but d'asseoir les relations d'État à État sur des bases solides et unanimement acceptées, afin d'assurer, autant que possible, le maintien de la paix générale. »*

M. BOURSON. — L'honorable M. Burritt, un de nos vice-présidents, a fait un travail spécial sur l'établissement d'un Congrès international. Il l'a fait traduire en français et m'a prié de donner lecture de ses conclusions.

M. le secrétaire donne lecture de ces conclusions, dans lesquelles l'auteur du travail fait remarquer que le premier objet et le plus important serait de former un code international bien défini. Les clauses de ce code pourraient être discutées, amendées, par les délégués de chaque nation, à Paris, à Londres, à Francfort, à Washington, et ratifiées après l'adoption. Chaque pays nommerait une législature spéciale qui discuterait, amenderait et ratifierait les clauses.

Une fois le code accepté, les législateurs entreraient dans la seconde partie de leurs travaux, et nommeraient le grand jury international ou la cour suprême chargée de juger toutes les questions sérieuses, et d'appliquer les lois adoptées en commun.

De cette manière, la querelle de la Prusse avec le Danemark, celle du Mexique avec les États-Unis, pourraient être résolues aussi bien et aussi facilement que la contestation entre deux États de l'Amérique. (*Applaudissements.*)

M. SCOBLE donne lecture d'une lettre adressée à M. Sturge par le docteur Bowring.

M. BOURSON, secrétaire, donne la traduction de cette lettre ainsi conçue :

« Londres, 18 septembre 1848.

« Monsieur,

« Je regrette profondément de ne pouvoir vous accompagner à Bruxelles. Le but est d'un si grand intérêt, d'une si haute importance, si digne de tous les efforts des hommes généreux, que j'aurais été heureux de vous offrir mon humble coopération. Les autorités belges méritent les plus grands éloges pour l'appui cordial qu'elles vous ont donné. Je sens que par mon absence forcée je sacrifie un bien vif plaisir, mais je me console par l'espoir que ce Congrès des Amis de la Paix sera le premier chapitre d'une histoire meilleure, plus sage et plus chrétienne. Le monde devrait être une bonne fois fatigué de la guerre, de ses crimes, de ses misères et de ses folies. Puisse le succès couronner les efforts de ceux qui cherchent à assurer au monde une ère d'harmonie et de paix! » (*Applaudissements.*)

M. BERTINATTI, de Turin. — Messieurs, de tous les problèmes qu'on peut poser à une assemblée délibérante ou à une réunion philanthropique, comme la nôtre, j'avoue qu'aucun ne me paraît à la fois plus complexe, et par conséquent plus difficile, pour ne pas dire plus redoutable. Il s'agit de provoquer, pour autant qu'il dépend de nos vœux et de nos efforts collectifs ou isolés, *un Congrès de délégués de toutes les nations, ayant la mission de rédiger un code international*, etc. Je laisse de côté la question constitutionnelle en tant qu'elle concerne les différents États qui auraient à nommer leurs délégués *ad hoc*, et les investir des pouvoirs nécessaires pour accomplir la plus belle et la plus noble des missions. Je suppose toutes les difficultés vaincues à cet égard, et je m'imagine qu'un pareil Congrès soit en effet réuni et qu'il se mette sérieusement à l'œuvre. Quelle question préalable devra-t-il résoudre? et quel sera son point de départ? Il est bien naturel qu'un sentiment de défiance s'empare de chaque membre de cette illustre assemblée que je contemple en imagination, et que chacun d'eux se dise : « Nous devons presque refaire les sociétés politiques, nous allons créer de nouveaux rapports entre les différents peuples, nous allons, en un mot, former un droit *cosmopolite*. » Je dis à dessein un droit *cosmopolite* : car l'expression habituelle *droit des gens européen, droit public de l'Europe*, et d'autres semblables, qui tendent à circonscrire le droit international entre quelques parallèles, et entre quelques points plus ou moins rapprochés de l'équateur ou du pôle, sont évidemment insuffisantes pour le but que le Congrès en question devrait se proposer. L'assemblée dont je parle devrait nécessairement prévoir le cas de quelque nouvel État qui viendrait à se constituer par la suite, et décider à quelles conditions il pourrait s'asseoir parmi les autres membres déjà admis à participer au droit général, et à toutes les obligations qui en découlent. Devrait-on attendre que ce nouvel État se présentât de lui-même pour être inscrit parmi les autres États déjà constitués, ou bien faudrait-il employer quelques moyens coercitifs pour déterminer son adhésion?

Quel droit, dans cette hypothèse, surgirait-il par la découverte d'un navigateur qui arriverait le premier sur une plage inconnue? ou plutôt quel droit conférerait-il à l'État dont le pavillon flotterait ainsi sur une région ignorée jusqu'alors? Je m'arrête, messieurs, dans mes demandes; car vous vous apercevrez tous que si je voulais les continuer, je devrais prendre *le droit des gens*, tel que nous le connaissons aujourd'hui, en sous-œuvre, et chercher, tant bien que mal, à mettre en doute quelques-uns de ses principes et de ses déductions. Et cependant ce sont précisément quelques-uns de ces mêmes principes qui ont donné et qui donnent origine aux funestes guerres qui ont ensanglanté le globe. Nous avons voulu civiliser le monde, et nous avons débuté par la dévastation. À l'heure qu'il est, devrons-nous toujours suivre les traces de nos ancêtres, ou bien un droit plus rationnel pourra-t-il enfin prévaloir pour le bonheur de l'humanité? Un code international contenant le droit que nous cherchons dans ce moment n'a pas été jugé impossible par deux grands hommes devant lesquels nous devons tous nous incliner; je veux parler d'Emmanuel

Kant et de Jérémie Bentham. Il suffit que nous ayons de notre côté le philosophe de Kœnigsberg et le jurisconsulte anglais, pour que nous puissions avoir quelque confiance dans nos recherches, et pour que nous soyons persuadés que nous ne travaillons pas inutilement à la poursuite d'un rêve. Emmanuel Kant, qui a entrevu la possibilité d'un code international, pose en principe que le monde peut se dire plutôt *civilisé* que *moralisé*, et que ce serait en conséquence sur la moralité qu'on devrait poser les fondements de l'édifice dont nous nous occupons.

L'illustre Bentham, avec son génie à la fois pratique et classificateur, a préludé à la rédaction de son code international par où je désirerais que préludât le futur Congrès européen que nous sollicitons tous par nos vœux. Le juriste britannique, après nous avoir dit que les lois de la paix devraient être des lois *substantives*, et celles de la guerre des lois *adjectives*, examine à grands traits quelles sont les causes les plus ordinaires de la guerre, et il les réduit à celles que je vais avoir l'honneur de vous énumérer :

1° L'incertitude des droits de succession, quant aux trônes vacants réclamés par deux parties;

2° Des troubles intestins dans des États voisins occasionnés par la même cause, ou par des disputes concernant le droit constitutionnel entre les souverains et leurs sujets, ou entre les divers membres du corps souverain;

3° L'incertitude des limites entre les États;

4° L'incertitude des droits aux pays nouvellement découverts par diverses nations;

5° Des jalousies causées par des cessions forcées plus ou moins récentes;

6° La haine et les préjugés religieux;

7° Toutes les causes qui peuvent amener des disputes entre les États limitrophes ou voisins.

Parmi les moyens propres à empêcher la guerre, le savant légiste propose les trois suivants :

1° La codification des lois non écrites qui sont déjà établies par l'usage;

2° De nouvelles conventions et de nouvelles lois internationales à faire sur tous les points qui restent encore indéterminés, c'est-à-dire sur la plupart des matières qui peuvent devenir l'objet de disputes entre deux États;

3° Le perfectionnement du style des lois et autres actes.

« Combien de guerres, dit-il, ont eu pour leur seule et principale cause l'ignorance ou l'incompétence d'un légiste ou d'un géomètre! »

Pour mieux assurer l'exécution de son plan, Bentham ajoute les deux propositions fondamentales que voici :

1° La réduction et la fixation des forces militaires et navales des diverses puissances qui composent le système européen ;

2° L'émancipation des colonies de chaque État.

Voilà, messieurs, le projet du jurisconsulte anglais, tel qu'il résulte de ses œuvres publiées dernièrement par les soins du savant docteur Bowring, et tel qu'il est analysé par le célèbre publiciste américain Henry Wheaton, dont nous venons de déplorer la perte dans cette même année.

S'il m'était permis de placer quelques observations à côté de celles que je viens d'exposer, je n'hésiterais pas un instant à déclarer que, parmi les causes productives des guerres, on ne devait pas oublier celles qui résultent de l'état de la législation internationale, à l'endroit des ambassadeurs et de tout ce qui se rattache à leurs priviléges et à leurs fonctions, et du rôle qu'ils sont destinés à jouer comme représentants des peuples. Le Congrès de Vienne contient un règlement à leur égard, à l'aide duquel il a cherché à éviter quelques inconvénients qui s'étaient souvent présentés sur ce sujet. Ce règlement laisse encore subsister certaines fonctions et certaines distinctions, qu'il serait temps de voir disparaître, pour y substituer enfin un ordre de choses plus rationnel. A ce titre, le choix même des personnes qu'on doit investir des délicates et hautes fonctions diplomatiques devrait attirer la sollicitude spéciale de tous les gouvernements. Quand on part du principe qu'un ambassadeur représente la personne même du souverain qui l'accrédite près d'une cour étrangère, il n'est pas étonnant qu'on choisisse à cet effet des praticiens et des militaires, et par conséquent des hommes disposés par leur état à voir dans la guerre l'*ultima ratio regum*. Mais quand les diplomates représenteront véritablement la majorité collective du peuple, et qu'ils se considéreront comme tels sur la terre étrangère, alors on devra choisir pour de telles missions des philosophes et des hommes de loi, des hommes en conséquence habitués à chercher où gît le droit et non où gît la force, et peu disposés à livrer au sort des batailles, ce grand duel des nations, les intérêts des peuples et des rois. Je ne vois pas pour mon compte un moyen plus efficace de réhabiliter la diplomatie aux yeux de l'Europe, et de la mettre à même de porter les fruits qu'on est en droit d'attendre d'une si belle institution. Pour mieux caractériser les qualités que j'exigerais dans un diplomate, je ne saurais le comparer à d'autres fonctionnaires, sinon aux juges de la haute cour fédérale des États-Unis d'Amérique. Si les attributions de ces deux ordres de fonctionnaires ne sont pas les mêmes, on ne saurait cependant nier qu'ils ont besoin, l'un et l'autre, de la même variété de connaissances théoriques et pratiques, du même calme, et de la même indépendance. Si un code international est possible, toujours reste-t-il à désirer que ceux qui devront spécialement l'interpréter soient des hommes supérieurs à tous égards, afin qu'on soit obligé de dire avec le Dante :

> *« Legyi ci son, ma chi pon mano ad esse? »*
> (Il y a des lois, mais qui y met la main?)

Au surplus, messieurs, la réunion d'un Congrès de peuples, dans le but de mieux asseoir le système d'équilibre qui devra régler leurs rapports mutuels, n'est pas si éloignée qu'on pourrait parfois l'imaginer. Les grandes transactions politiques de Munster, d'Osnabruck, d'Utrecht et de Vienne ont porté leurs conséquences bonnes ou mauvaises, et le temps paraît arrivé où l'on doit sérieusement examiner si à la place des pressions, des juxtapositions, des fusions et des tiraillements de toute nature, il ne serait pas équitable, en tenant compte des croyances religieuses, de l'identité de la langue, de la législation, de la littérature, des traditions et de tout ce qui constitue, à proprement parler, l'élément ethnographique et politique d'un peuple, d'en faire autant de portions séparées s'appartenant chacune et se gouvernant elle-même en vertu de sa propre autonomie, et reliée d'un autre côté à la grande famille humaine, constituée en autant de corps d'États, par les liens d'une confédération fondée sur la justice et la fraternité. La *liberté commerciale*, qui est destinée à faire le tour du monde, ne saurait agir toute seule, sans amener à sa suite la confédération politique de tous les peuples. L'une et l'autre se tiennent comme deux sœurs, et elles doivent forcément ou vivre d'une même vie, ou périr, sinon le même jour, du moins à peu de distance l'une de l'autre. Les mêmes préjugés qui se sont opposés au libre échange parmi les peuples ne sont tombés que pour faire écrouler à leur tour les autres préjugés qui étayent pour la dernière heure le système de domination et de conquête. Et le jour où un brillant poëte et orateur français adressa à l'Europe cette circulaire, qui trouva un accès si facile dans le cœur des peuples, ce jour-là même on a posé le jalon d'où devra sortir tôt ou tard le Congrès européen, qui répondra, sinon à toutes, du moins à une grande partie de nos espérances, et qui procurera à nos efforts et à nos désirs leur accomplissement et leur réalité. (*Applaudissements prolongés.*)

M. HENRY VINCENT, de Londres, — Amis et frères, je me réjouis d'avoir vécu assez longtemps pour être témoin de la réunion de cet imposant Congrès. Je regrette infiniment de ne pouvoir m'exprimer en français, mais je suis heureux de pouvoir me servir d'une langue quelconque quand il s'agit de proclamer les grandes et saintes vérités de la fraternité universelle. Les orateurs qui m'ont précédé ont posé des principes que je regarde comme indestructibles, et se sont étendus sur les crimes et les horreurs de la guerre, de ce fléau qui n'a pour résultat que de rendre les pauvres encore plus pauvres, et d'appauvrir les riches. Il s'agit aujourd'hui d'inaugurer une politique nouvelle, de changer l'opinion publique. Le règne de la force brutale, de cette force préconisée dans la séance d'hier par celui que j'appellerai notre frère espagnol, a fait son temps; et le règne du christianisme, de la justice, de l'intelligence, va poindre à l'horizon de l'humanité.

On nous objecte les difficultés de notre mission; mais, messieurs, c'est précisément parce que ces difficultés existent que le Congrès se trouve aujourd'hui rassemblé dans votre magnifique cité. Si les vérités que nous défendons étaient admises par les peuples et les gouvernements, il n'y aurait aucune nécessité de convoquer le Congrès. Nous ne sommes ici que parce que la tradition et l'histoire s'unissent pour exalter le fer comme l'unique arbitre des différends entre les hommes.

Notre frère espagnol a dit que la foi ne règne plus parmi les hommes. Non, mes amis!... l'humanité ne perdra jamais sa foi dans le beau, le juste et le vrai. L'intelligence bornée du sauvage comprend l'existence de Dieu, et l'humanité, au milieu du progrès de la civilisation, n'aurait plus la foi? Ah! mes amis, tant que l'homme sera sur la terre, il brillera un rayon de la foi en Dieu.

Messieurs, nous devons agir sur l'opinion publique, sur l'opinion des princes, des chefs d'États, des ministres, des commerçants, des artisans, des laboureurs, au moyen de l'enseignement et de la persuasion; nous devons démontrer que la force brutale est non-seulement opposée au christianisme et à la raison, mais qu'elle est impuissante pour conserver l'ordre social. Les luttes entre les peuples ne doivent leur naissance qu'aux intrigues et à l'égoïsme de quelques individus; et, chose déplorable, ce sont les hommes les plus haut placés par l'intelligence comme dans la hiérarchie sociale, qui s'efforcent de stimuler les préjugés barbares et les passions haineuses. La guerre éclate; les armées s'entre-choquent sur mille champs de bataille; et après s'être déchirées, les nations épuisées s'écrient dans leur désespoir : « Ayons recours aux négociations pour terminer la querelle que les armes n'ont pu décider! » Nous voulons, au contraire, qu'on ait d'abord recours à l'arbitrage, au lieu de n'y songer qu'après avoir versé des torrents de sang.

La loi d'amour, le vrai christianisme, est la seule arme qui puisse être victorieuse. Voyez la conduite de Guillaume Penn, cet illustre fondateur d'un des principaux États de l'Union américaine. Quand il arriva avec ses compagnons en présence des Indiens qui habitaient la contrée, il s'avança vers eux sans armes, et leur dit : « Nous venons demeurer parmi vous, nous voulons être vos amis, vos frères. » Les massues tombèrent des mains des Indiens, et ces sauvages, frappés d'admiration, s'écrièrent : « Ce ne sont pas des hommes, mais des femmes, qui viennent ainsi nous apporter la paix ! » Admirable hommage rendu par ces natures primitives à la nature de la femme ! Le procédé que Penn suivit envers les sauvages, on le met en pratique dans les maisons des aliénés. Autrefois, fidèle au système de la force brutale, on chargeait de chaînes et on rouait de coups les malheureux insensés, pour les forcer à l'obéissance ; aujourd'hui, l'infortuné qui est privé de la raison est gouverné par la douceur ; le sourire dompte celui que le fouet poussait à la plus affreuse démence. Nous demandons que l'on applique aux hommes parvenus à la plus haute civilisation cette loi d'amour et de fraternité qui dirigea Penn dans ses rapports avec des sauvages, et qui inspira la méthode suivie dans les tristes asiles de l'humanité souffrante. J'appuie de tout cœur la proposition d'un Congrès de nations ; ce sera déjà un grand pas de fait que d'attirer l'attention des gouvernements et des nations sur la nécessité d'un pareil Congrès.

Pour modifier l'opinion publique, il faut commencer par la première éducation de la jeunesse et faire pénétrer dans l'esprit de nos enfants qu'il n'y a point de vertu à faire la guerre, et point de courage à détruire un être humain. Ce courage-là, je le renie ! le vrai courage est celui qui se déploie dans la lutte journalière de la vie, dans le dur labeur de l'industrie et de la persévérance. Le vrai courage est celui qu'il faut pour braver les sarcasmes et le mépris qui poursuivent celui qui se dévoue à la cause de Dieu et de la vérité. Voilà le vrai courage ; celui qui reçoit aujourd'hui les applaudissements des hommes, et qu'on célèbre dans les annales des nations, celui qui forme ce qu'on appelle les fastes de la gloire nationale, je n'en veux pas ! (*Applaudissements.*) Je répudie les souvenirs de Waterloo, de Trafalgar, de Poitiers, de Crécy, pour porter mes regards sur les triomphes du génie des Watt, des Milton, des Shakespeare ; voilà les souvenirs dont je me glorifie ; et je conjure les ministres de l'Évangile, les orateurs, les poëtes, les penseurs du monde entier, de bannir de ce globe comme une chose exécrable et infâme la passion qui engendre la guerre. (*Applaudissements.*)

C'est un honneur, c'est une gloire pour Bruxelles, pour votre gouvernement, pour votre noble souverain, que ce Congrès se soit assemblé dans votre belle cité. Ne soyez pas arrêtés par les difficultés ; sachez braver tous les sarcasmes. Vous êtes peu nombreux, mais la vérité n'a-t-elle pas été contenue un jour dans une seule intelligence ? Est-il une vérité qui n'ait pas été proclamée au milieu des difficultés et des dangers ? Tous les faits de la science ont d'abord pris naissance dans quelques esprits, et ils ont conquis le monde avec une force plus grande que celle des armes. La vérité est toujours plus forte que les armes; elle est victorieuse dans des lieux inaccessibles aux plus courageux soldats; sur les larges ailes du temps elle traversera les océans et remplira la terre. Multiplions les congrès pacifiques, en France, en Hollande, en Amérique, partout, pour que l'opinion publique marche avec nous. J'ai foi que le Dieu qui a créé ce magnifique univers bénira nos efforts, que sur les ruines de la force brutale s'élèvera un meilleur principe, que le jour vient où il n'y aura de suprême que les lois de Dieu, les lois de justice et d'amour, et que sur tout le globe ce cri sera universellement répété : « Dieu a fait d'un seul sang toutes les nations pour habiter sur la surface de la terre; alleluia! alleluia! car le règne est proche du Seigneur Dieu tout-puissant. »

Ce discours provoque une explosion du plus vif enthousiasme.

M. BUCKINGHAM monte à la tribune pour résumer en français le discours de M. Vincent. Messieurs, dit-il en prenant la parole, après l'éloquent discours qui vient d'être prononcé, ma pâle analyse ressemblera, je le crains, à une petite chandelle succédant à l'éclat du soleil; mais la chandelle, si petite qu'en soit la lumière, vaut mieux que l'obscurité complète. (*Hilarité et applaudissements.*)

L'orateur cite un extrait des œuvres de Guillaume Penn, qui, il y a deux siècles, nourrissait le projet d'un Congrès des nations, et rappelle le projet de fédération européenne formé par Henri IV.

M. LE PRÉSIDENT. — La parole est à M. Ramon de la Sagra.

UN MEMBRE. — Je désire savoir si M. Ramon de la Sagra est délégué d'une société, et si c'est au nom de cette société qu'il émet son opinion.

M. BOURSON. — Je suis étonné de cette observation. M. Ramon de la Sagra est membre du Congrès; il est délégué par lui-même et exprime sa propre opinion; il siége ici au même titre que tous les autres membres du Congrès.

LE MEMBRE. — Tout ce que je voulais, c'était de savoir si M. Ramon de la Sagra exprimait son opinion individuelle, ou l'opinion d'une société quelconque.

M. BOURSON. — C'est son opinion personnelle.

M. RAMON DE LA SAGRA. — Je monte à la tribune dans un moment bien défavorable. L'assemblée vient d'entendre un discours éloquent qui a produit une grande sensation. Il paraît que ce discours avait des rapports avec le mien, c'est-à-dire que l'orateur s'est occupé d'une manière assez longue de combattre l'opinion que j'ai émise hier. Malgré l'extrait abrégé qu'on vient de faire de ce discours, je ne suis pas à même de répondre. Cependant, il me sera permis de dire quelques mots sur l'abrégé de l'opinion que l'orateur a émise, afin de détruire une erreur qui est nuisible à mon opinion.

Hier j'ai établi comme principe, comme fait social, réel dans la société, le manque de foi religieuse, l'anéantissement de la croyance; il faut que je m'explique. Je n'ai pas parlé de la croyance de telle ou telle personne, j'ai voulu parler de la foi sociale, de la croyance dans le droit divin, croyance sur laquelle repose l'humanité, qui respectait les lois quand elle croyait qu'elles venaient de Dieu.

Nous sommes arrivés à une époque où personne ne croit que les lois viennent de Dieu. Les lois sont faites par les hommes, et par conséquent elles peuvent être renversées. Voilà ce que j'ai dit et ce que je soutiens. La loi avait anciennement deux sanctions : la sanction de la foi et la sanction de la force. L'homme qui n'obéissait pas à la loi était puni dans une autre vie, et il était aussi puni dans ce monde. Il faudrait donc rétablir la double sanction; et c'est au moyen d'un Congrès que vous voudriez parvenir à ce résultat? Vous faites appel à un Congrès formé des délégués des différentes nations, et ayant mission de rédiger le code humanitaire basé sur la raison.

Je commence par déclarer que ce projet est impossible, absurde, et que même si, par une coïncidence de circonstances, un Congrès européen ou humanitaire pouvait avoir lieu, il serait la source de la plus terrible des anarchies.

Examinons ces trois propositions.

Le Congrès est impossible, ou il serait absurde, ou révolutionnaire et tout à fait anarchique.

Il est impossible. Le principe de la formation repose sur des délégués : il faudrait des délégués de chaque nation. Je commence par demander : Seront-ils envoyés par le pouvoir ou par le peuple de chaque nation? Si ce sont des délégués envoyés par le pouvoir, vous aurez des ambassadeurs de l'époque actuelle, et ce n'est pas le but de votre Congrès. Vous ne voulez pas un Congrès de Vienne constitué en Europe, car il n'amènerait d'autre résultat que l'établissement du despotisme sanctionné par la force. Il faudrait donc des délégués nommés par le peuple, par le suffrage universel, car vous ne pouvez admettre un Congrès dont quelques représentants seraient nommés par l'empereur de Russie, et d'autres par l'Assemblée nationale de France.

Il faut admettre que les nations qui formeraient ce grand Congrès eussent avant tout admis le principe du suffrage universel. Il est donc impossible de former un Congrès européen, parce que la base manque, c'est-à-dire le suffrage universel.

J'ai dit que le Congrès serait absurde. Quel serait en effet son but?

Celui de formuler un code de l'ordre social. Et vous croyez qu'un tel code sortirait d'un Congrès formé des éléments les plus hétérogènes, les plus contradictoires! Quand il n'y a pas d'accord sur le principe dans l'intérieur même de chaque nation, vous voudriez que toutes les nations ensemble se missent d'accord pour la formation d'un code de la paix?

Notre honorable président a dit que l'opinion est le grand mobile de l'époque moderne. Voilà précisément pourquoi l'époque moderne est une époque d'anarchie. (*Dénégations.*) L'opinion qui triomphe obtient la sanction légale, elle est constituée comme majorité et elle fait la loi; quand une minorité devient majorité, l'opinion du parti victorieux détruit l'opinion qui commandait : voilà pourquoi le règne de l'opinion n'est que de l'anarchie. Si vous pouviez établir la domination de la raison, la guerre deviendrait impossible, ce serait la conséquence naturelle de l'organisation de la société par la raison. Mais si cette organisation est impossible dans l'intérieur d'une nation, elle serait bien plus impossible entre les diverses nations.

J'ai dit que le troisième résultat serait l'anarchie. Toute loi a besoin de sanction, d'un appui moral, pour être respectée. Les décisions du Congrès ne seraient acceptées qu'à la condition d'être respectées; il faudrait que l'humanité fût forcée d'y obéir par cela seul qu'elles viendraient du Congrès.

Sur quelle base reposerait votre autorité? quelle sanction aurait la volonté des nations? car la volonté est variable; et lorsque les députés n'agissent pas en rapport avec les intérêts de leurs commettants, ils sont renvoyés, des révolutions éclatent et les Congrès sont dissous. Votre Congrès mènerait donc à l'anarchie, ou à un despotisme d'autant plus absurde qu'il serait inspiré par la volonté supposée générale.

Voilà pourquoi j'ai dit que le Congrès serait impossible, absurde ou anarchique. (*Applaudissements.*)

M. EWART. — Messieurs, je vous prie de me pardonner si je m'exprime en français, mais il paraît être établi comme règle que celui qui peut savoir quelques mots de cette langue doit l'employer en s'adressant à vous.

Faut-il, messieurs, vous avouer que malgré le poids des arguments que nous venons d'entendre, et qui sont à peu près les mêmes qu'il a présentés hier, je ne suis pas convaincu par le discours de M. Ramon de la Sagra?

Il semblerait que ce Congrès dont nous faisons l'esquisse devrait sortir comme Minerve autrefois sortit tout armée du cerveau de Jupiter, et que ce que nous faisons devrait être parfait dans tous ses détails au moment même de sa naissance; cela n'est pas possible. J'avoue que le talent de M. Ramon de la Sagra est grand pour découvrir des défauts; mais me sera-t-il permis de dire avec toute la courtoisie possible, et avec le même sentiment qu'a mis M. Vincent en l'appelant notre frère espagnol, faut-il dire que je trouve dans les idées de mon frère espagnol beaucoup de châteaux en Espagne? (On rit.)

Il nous a dit qu'il n'y a plus de foi religieuse sur laquelle puisse se fonder notre système d'un Congrès; qu'il n'y a pas de foi sociale, de croyance collective. L'honorable préopinant ne nie pas la croyance individuelle, il nie seulement l'existence d'une croyance collective.

Il dit que nous ne croyons pas que les lois viennent de Dieu. Mais, messieurs, ce n'est pas d'une loi humaine que nous parlons; ce n'est pas, comme on dit en Angleterre, d'un *acte du parlement*; nous parlons d'une loi fondée sur des principes dans lesquels nous croyons, fondée sur des principes qui viennent du ciel, qui émanent de Dieu, et dans ces principes nous avons tous croyance. (*Applaudissements.*)

Je crois que j'ai suffisamment répondu aux observations présentées sur ce point par M. Ramon de la Sagra, et je passe à son second point, la glorification du principe de la force. « Si vous ne pouvez, dit-il, faire respecter les décisions du Congrès au moyen de la foi religieuse, vous devez nécessairement recourir à l'emploi de la force. Or, c'est une brutalité que d'imposer l'opinion par la force. » Mais il faut se souvenir que la plus grande partie de la force que nous exerçons sera la force de l'opinion.

L'opinion publique est un des éléments principaux qui constituent la force de la loi, et nous savons que dans tout État, si la loi n'est pas en harmonie avec l'opinion publique, une grande partie de la force de la loi s'évanouit et est perdue. (*Applaudissements.*) Or, nous avons avec nous l'opinion publique bien fortement prononcée, et notre Congrès aura une grande partie de la force de la loi.

Mais n'est-il pas possible de trouver un moyen, non par la force, mais un moyen indirect, pour faire prévaloir les doctrines de ce Congrès des nations? N'est-il pas possible que les nations disent que si une nation est opposée au système commun, cette nation sera exclue des avantages commerciaux ou autres dont jouiraient les autres nations?

L'honorable orateur a dit : « Mais vous devrez avoir recours à la force. » Permettez-moi de lui demander : N'avons-nous pas recours maintenant à la force brutale de la manière la plus barbare? Et si nous sommes obligés de recourir à la force, sous le système d'un Congrès international, nous ne serons pas dans une situation pire, mais bien meilleure que celle où nous sommes aujourd'hui sous l'existence de la force brutale.

M. Ramon de la Sagra a dit que le Congrès est impossible, parce qu'il n'y a pas partout le suffrage universel. Je ne vois pas qu'il soit nécessaire que, pour établir une loi, il faille le suffrage universel. Mais je crois que nous aurons ce suffrage universel dans tous les pays. Je suis d'avis que cela doit arriver. (*Applaudissements.*)

On a dit hier que l'expérience manquait pour l'établissement d'un Congrès international. Mais notre honorable président vous a cité les assemblées amphictyoniques : on ne peut pas douter de l'opinion des États-Unis d'Amérique, d'après ce que vous a dit mon honorable ami, M. Élihu Burritt. Nous avons l'exemple de Temple, ambassadeur en Hollande, sous Charles II d'Angleterre, et qui, témoin de l'union des provinces de la Hollande, avait, lui aussi, eu l'idée d'un Congrès. On vous a cité Kant et Jérémie Bentham ; l'illustre Penn, à qui M. Buckingham a fait allusion tout à l'heure. J'ai ici le système tracé par Penn, il y a deux cents ans ; mais comme l'heure me presse, je ne le lirai pas. Il confirme tout ce que nous avons dit en faveur d'un Congrès international.

D'autres orateurs de votre pays pourront, avec beaucoup plus de force et d'éloquence que moi, répondre aux observations de M. Ramon de la Sagra. Je me borne à me féliciter du progrès qu'ont fait non-seulement nos idées, mais aussi notre système. C'est aujourd'hui le commencement d'un système nouveau, qui datera de cette année et aura son origine à Bruxelles. (*Applaudissements.*) Je m'en applaudis. (*Très-bien.*)

Pardonnez-moi encore une fois de m'être adressé à vous en français. Chacun contribue autant qu'il est en lui au succès d'une bonne cause, et je vous remercie de l'indulgence que vous m'avez témoignée. (*Applaudissements.*)

M. SCHELER, de Saxe-Cobourg-Gotha, bibliothécaire du Roi à Bruxelles, dans un discours empreint de pensées religieuses, s'attache à démontrer l'iniquité de la guerre. Il soutient que la guerre n'entre pas dans les desseins de Dieu, que Dieu a créé les hommes pour s'aimer les uns les autres et non pour s'entr'égorger. Il pense que le meilleur moyen de mettre un terme aux horreurs de la guerre, c'est d'arriver à la création d'un grand Congrès international. Il applaudit donc de tous ses efforts à la généreuse idée à laquelle est due la réunion actuelle.

M. HENRY CLAPP, des États-Unis d'Amérique, l'un des secrétaires du Congrès. — Messieurs, parmi les drapeaux suspendus dans cette salle, je remarque celui de ma patrie, la vue de cette bannière me retrace des souvenirs que je voudrais étouffer. Je ne désespère pas de voir le jour où la vue de ce drapeau n'inspirera que des pensées pacifiques. Messieurs, un orateur a voulu nous prouver que la loi n'était qu'une chose variable, incertaine, subissant les influences de latitudes, de contrées, d'époques, d'une diversité infinie. Je n'accepte que cette définition de la loi : La loi est ce qui ordonne le bien et défend le mal. La guerre, l'esclavage sont inhumains et illégaux, parce qu'ils sont l'expression du mal. Il ne peut y avoir deux codes, l'un pour l'individu et l'autre pour la société. Ce qui est immoral chez l'individu doit l'être chez l'humanité collective, et je ne sache pas de chimie morale qui puisse opérer cette transmutation.

L'orateur, après avoir dit quelques mots au sujet du maintien de l'esclavage aux États-Unis, termine par ces paroles : Messieurs, on traite notre projet de chimère. J'ai vu de mon temps traiter de chimères bien des projets aujourd'hui réalisés. Il y a fort peu d'années, un savant distingué démontra l'impossibilité pour un bateau à vapeur de traverser l'océan Atlantique ; aujourd'hui cet océan est sillonné en tous sens par des bateaux à vapeur. L'océan Atlantique, au lieu de séparer les nations, tend à les rapprocher ; cet océan, ainsi que le grand Océan situé au delà du continent américain, portera un jour le nom de Pacifique, et ce mot ne sera pas seulement une dénomination, mais une réalité. Alors les nations, au lieu d'être séparées comme des particules détachées de mercure cherchant vainement à se rejoindre, seront englobées dans une vaste sphère d'harmonie reflétant la gloire du Créateur. (*Applaudissements.*)

M. BOURSON. — Messieurs, j'ai au fond si peu de chose à vous dire que je ne puis m'excuser de prendre la parole qu'en la rendant courte et brève.

Je dois déclarer que je partage à certains égards les vues fort remarquables exprimées avec autant de véritable éloquence que de profonde conviction par mon très-honorable ami M. Ramon de la Sagra. Je crois avec lui que la cause des malheurs dont le monde est affligé réside ailleurs que dans la guerre. La guerre est un effet, un symptôme, pour ainsi parler.

S'il m'est permis de faire ici une comparaison empruntée à l'art médical que j'ai autrefois pratiqué, et les anciens confrères que je vois dans cette enceinte saisiront ma pensée, je dirai que nous imitons en ce moment les médecins qui, désespérant d'arriver à connaître la cause d'une maladie, et par conséquent de parvenir à la détruire, se rejettent sur ce qu'on appelle la médecine des symptômes, c'est-à-dire qu'ils dirigent leur traitement contre les phénomènes que l'état du malade leur présente, sans chercher à atteindre la cause qu'il n'est pas en leur pouvoir de faire disparaître. Or, ce moyen, qui n'est certes ni le meilleur ni le plus puissant, est le seul qui souvent reste à leur disposition ; et si un transfuge de la médecine peut vous révéler ici confidentiellement un secret de l'art de guérir, ce moyen, tout empirique qu'il est, réussit souvent, très-souvent même. Eh bien, puissions-nous être aussi heureux ! puissions-nous, en attaquant le symptôme *guerre*, parvenir à rendre moins intense et moins profonde l'action de la cause du mal sur la pauvre humanité ! (*Très-bien.*)

M. SOMERSET, qui prend d'abord la parole en anglais, s'attache à l'assertion de M. Ramon de la Sagra au sujet du dépérissement de la foi parmi les hommes, et de la tendance moderne à discuter les traités et les lois comme les œuvres des hommes, au lieu de les accepter comme une émanation de Dieu. L'époque de la foi, qu'a rappelée l'honorable orateur espagnol, était une époque où les hommes étaient enchaînés par les entraves de la superstition ; cette époque a fui à jamais ; et nous devons nous réjouir de pouvoir discuter de hautes questions, au lieu d'être plongés dans les ténèbres des superstitions.

M. FRANCISQUE BOUVET. — Je prends la parole pour répondre à M. Ramon de la Sagra. Cet honorable orateur a fait entendre une parole qui eût pesé sur mon cœur, si elle ne fût sortie de la bouche d'un homme que je ne crois point hostile à la France, et dont les sophismes semblent avoir été imaginés dans l'unique but d'apporter dans nos débats de spirituelles contradictions.

L'honorable M. Ramon de la Sagra a dit qu'il n'y avait point en France d'opinions nationales.

Je dois m'abstenir d'entrer ici dans les opinions politiques. Mais l'opinion générale en France, messieurs, c'est : *liberté, égalité, fraternité !* la devise de l'Évangile ! (*On se lève, et les cris de* Vive la France! *retentissent dans l'auditoire.*)

J'ajouterai un mot qui répond pour la France, au moins, à ce qu'a dit l'honorable M. Ramon de l'extinction de la croyance religieuse. La France vient d'écrire le nom de Dieu à la tête de sa constitution. (*Applaudissements.*)

Si j'avais à suivre M. Ramon dans ses arguments, il me serait facile d'établir qu'il est moins éloigné de nous qu'on n'en jugerait par ses discours. Il me suffirait de lire une phrase d'un petit livre, dont il est l'auteur, et qu'il vient de me donner. Cette phrase exprime *la nécessité d'une nouvelle organisation sociale*, FONDÉE SUR LA JUSTICE. Oui, messieurs, la justice est invoquée par l'honorable M. Ramon de la Sagra. Or, il est bien certain que la justice ne peut régner en quelque lieu que ce soit et ne peut être administrée que par une juridiction, par un tribunal quelconque.

Or, le tribunal pour les nations, c'est l'arbitrage ou Congrès universel. Vous voyez, messieurs, que M. Ramon n'est pas aussi éloigné de nous que nous pensions. (*Applaudissements.*)

Messieurs, ma qualité de représentant du peuple me fait un devoir de rentrer au plus tôt à l'Assemblée nationale de France, où se discute la constitution. Je vous demande la permission de me retirer dès ce moment du Congrès. Mais je ne m'éloignerai point sans vous avoir témoigné combien je suis reconnaissant de l'accueil plus que bienveillant, tout amical et fraternel, dont vous avez daigné m'honorer. Cet accueil sera pour moi un précieux souvenir.

Je dois des remercîments en particulier à l'honorable membre du Parlement anglais, M. Ewart, non pas de sa trop grande indulgence envers ma personne, mais pour la déclaration qu'il a faite à cette tribune, que la nation anglaise, même la majorité du Parlement anglais, était animée d'un vif intérêt pour la prospérité et le bonheur de la France. (*Applaudissements.*) Je porterai cette parole dans mon pays, où elle sera reçue avec la même confiance qu'elle m'inspire. Mais je dois affirmer aussi que le peuple français et la représentation nationale portent au peuple anglais une sympathie sincère (*applaudissements*), et que chaque jour en France comme en Angleterre les préjugés barbares d'inimitié nationale se dissipent et ne sont plus considérés que comme la pâture d'une polémique vulgaire entre les partis. (*Applaudissements prolongés. Hourra! hourra!*)

Une protestation analogue a été apportée ici par l'honorable M. Burritt, au nom des États-Unis; par M. Suringar, au nom de ses compatriotes de Hollande, en même temps que l'honorable M. Vanhoorebeke, membre de la représentation belge, qui a pris part à notre Congrès, et notre honorable président, M. Visschers, ont été en particulier l'organe de la sympathique hospitalité que la Belgique donne en ce jour au *Congrès de la Paix*.

Je crois pouvoir ajouter que les peuples d'Allemagne, en général, sont animés d'un bon esprit, et que, malgré les divisions politiques qui travaillent la vieille Germanie, le principe de l'unité sociale domine chaque jour davantage.

Ainsi, messieurs, la paix, la fraternité chrétienne font leur chemin dans le monde; et nous pouvons, avec une ferme espérance, inscrire sur notre bannière pacifique la parole du poëte que vous a citée hier l'honorable président de ce Congrès :

> « Peuples, formez une sainte alliance,
> « Et donnez-vous la main! »          (*Vifs applaudissements.*)

M. SCOBLE traduit en anglais les paroles prononcées par M. Bouvet. Ces paroles sont accueillies par des applaudissements prolongés et par un triple hourra.

M. ELIHU BURRITT cite, à l'appui des progrès qu'ont faits en Angleterre les sentiments de bienveillance envers la nation française, l'exemple de nombreuses assemblées auxquelles il a assisté en Angleterre. Ces assemblées ont fait preuve de la plus vive sympathie pour la France, et des adresses spéciales en ce sens ont été votées par des villes d'Angleterre à des villes de France.

M. EWART, membre du Parlement et vice-président du Congrès, prononce quelques paroles remplies de bienveillance et de sympathie pour la nation française. Il rappelle le discours prononcé à la Chambre des Communes par le premier ministre de la Grande-Bretagne, à la suite de la révolution de février.

L'orateur déclare que le désir sincère de la nation britannique est que la France sorte libre et heureuse de la crise qu'elle traverse en ce moment. (*Bruyants applaudissements.*)

La séance est levée à une heure et demie, et renvoyée à ce soir à sept heures.

---

## QUATRIÈME SÉANCE. — 21 SEPTEMBRE, AU SOIR.

---

### PRÉSIDENCE DE M. VISSCHERS.

La séance est ouverte à sept heures un quart.

M. LEHARDY DE BEAULIEU donne lecture du procès-verbal de la séance du matin. — La rédaction en est approuvée.

M. BOURSON donne communication à l'assemblée de plusieurs adhésions nouvelles au Congrès de la Paix. Il donne lecture de la lettre par laquelle M. de Tracy, membre de l'Assemblée nationale de France, déclare donner son adhésion au Congrès; d'une autre lettre de M. Czieskowski, auteur d'un écrit intitulé : *Du crédit et de la circulation.* — Cette communication est accueillie par des applaudissements.

M. LE PRÉSIDENT. — L'ordre du jour appelle le vote d'une résolution sur la proposition qui a été discutée ce matin. En voici la rédaction :

« Il est à désirer que, dans un temps prochain, un Congrès des nations, composé de représentants de chacune d'entre elles, se réunisse pour rédiger un code réglant les rapports internationaux. L'établissement de ce Congrès, et l'adoption d'un code sanctionné par l'assentiment de toutes les nations, seraient des moyens sûrs d'arriver à une paix universelle. »

Cette proposition est adoptée à l'unanimité moins une voix. M. Ramon de la Sagra s'est levé contre.

Le vote est accueilli par d'unanimes applaudissements.

M. LE PRÉSIDENT. — L'ordre du jour appelle maintenant la discussion de la proposition suivante :

« *Appeler l'attention des gouvernements sur les avantages de la mesure d'un désarmement général, et provoquer respectueusement l'échange de leurs bons offices à l'effet d'assurer la conservation des relations pacifiques entre les peuples, ainsi que le bien-être et le progrès de l'humanité.* »

M. CHAMEROYZOW donne lecture d'une note sur cette question, par M. William Stokes, agent de la Société de la Paix à Londres. Cette note contient les arguments suivants :

Le véritable caractère du système de la guerre est plus connu aujourd'hui qu'il ne l'a jamais été dans l'histoire du monde. On en a fait l'expérience; l'épreuve a été longue, tous les peuples en ont essayé; nous savons ce qu'il peut et ce qu'il ne peut pas. Son long règne a été soumis à une investigation scrupuleuse. La guerre est plus désastreuse que la peste et que la famine.

Souvent pour la guerre on a invoqué la justice, et vous avez pu voir des millions de victimes innocentes attachées au char du triomphateur. On l'a invoquée aussi pour conserver les empires; mais où sont aujourd'hui ces grands empires qui existaient autrefois? Répondez, Charlemagne; répondez, Charles - Quint; répondez, Charles de Suède, où sont vos empires? Parlez, vous dont les conquêtes sont devenues le patrimoine des étrangers, et dont les États ont été partagés entre des combattants plus heureux. (*Applaudissements.*

Maintenant, si le système de la guerre devait continuer, pourrait-il faire pour l'avenir plus qu'il n'a pu faire dans le passé? La vie humaine et les propriétés des citoyens ne seraient-elles plus sacrifiées? Tous les siècles se ressemblent à cet égard. Nous en avons eu la preuve. L'expérience du passé ne déclare-t-elle pas hautement que nous verrions toujours les mêmes malheurs, les mêmes forfaits? Or le salut du monde demande impérieusement un désarmement général.

La guerre est inutile pour protéger les trônes; cela est clairement démontré. Jamais nous n'en avons eu une preuve plus forte que celle qui vient de se faire sentir. Jamais les gouvernements n'ont été aussi agités, aussi embarrassés, pour les trônes dont le principal appui est la force armée. On a confié au système de la guerre la royauté, et la royauté a découvert cette triste vérité, que ce qu'on a appelé la force des trônes en était la ruine. Heureux les gouvernements qui se confient à l'affection du peuple, avec la conviction de l'avoir méritée! (*Applaudissements.*)

Si les rois et les gouvernements connaissaient leurs véritables intérêts, s'ils savaient en quoi consiste la force d'un gouvernement, ils ne demanderaient pas de force armée, n'hésiteraient pas à abandonner un système nuisible, et chercheraient leur sécurité dans l'affection de leurs peuples.

Quant à l'efficacité d'une médiation pour décider des différends internationaux, on ne dira pas que nous n'en avons pas fait l'expérience : c'est parce qu'on a essayé ce système, qui a parfaitement réussi, que nous proposons le désarmement général et la médiation. Pourquoi conserver une force armée dont nous pouvons nous passer, puisque dans la médiation nous trouvons un moyen plus sûr, plus juste que la force ?

Les différends entre la Belgique et la Hollande ont été soumis à la médiation de l'Angleterre et de la France. La Grande-Bretagne et l'Amérique ont eu recours à l'intervention de la Russie et de la Hollande. Les États-Unis et le Mexique en ont appelé à l'arbitrage de la Prusse. En ce moment même nous espérons que l'intervention de l'Angleterre terminera les hostilités de la Prusse et du Danemark. En Italie on a déposé les armes à la voix pacifique de la France et de l'Angleterre.

Puisque nous avons devant les yeux la preuve que les disputes internationales peuvent être réglées sans recourir aux armes, pourquoi la médiation ne deviendrait-elle pas une loi pour les nations ? et puisqu'il est démontré que les armées ne sont pas indispensables, y a-t-il quelque chose de plus juste qu'un désarmement général ?

L'influence puissante du commerce et de la civilisation n'a jamais été plus étendue qu'aujourd'hui.

Une époque nouvelle vient de s'ouvrir, et l'ancien système politique qui éloignait les hommes au lieu de les rapprocher commence à disparaître.

La paix armée excite à la guerre parce qu'elle fournit tout le matériel nécessaire pour la faire ; la paix armée a pour objet de se garantir contre des dangers quelconques ; c'est dire que pour se garantir d'un danger, il faut s'y plonger. Il en est résulté que pendant la paix la plus profonde les armements ont continué et se sont même augmentés, au lieu de faire des économies, et de diminuer les impôts qui pèsent sur le peuple. Eh bien, la loyauté du peuple est la seule, la véritable garantie de la sécurité publique ; mais les impôts énormes amènent le mécontentement du peuple qui demande des économies ; pour arriver à ces économies, il faut un désarmement général. La religion le demande d'après la constitution de la chrétienté !...

L'heure est venue de détruire ce système de meurtre et de crime, l'heure est venue pour les peuples de déclarer qu'ils ne veulent plus d'armée ni active ni permanente ; qu'ils ne veulent plus de paix armée, mais une paix chrétienne, telle que le monde la demande, telle que Dieu l'a voulue et la veut. (*Applaudissements.*)

M. ALVIS, directeur de l'instruction publique. — Messieurs, il m'a fallu vaincre une timidité extrême pour me décider à monter à cette tribune, non pas, messieurs, que je ne fusse certain de rencontrer dans cette assemblée des sympathies et surtout beaucoup d'indulgence.

J'avais quelques mots à dire, je les croyais utiles et je n'ai pas hésité.

Messieurs, les idées nouvelles rencontrent dans le monde une opposition instinctive; c'est le sort de toutes les découvertes, de toutes les idées.

A une époque donnée, la société est organisée, les institutions existent; une nouvelle idée arrivant, il faut qu'elle prenne sa place, et pour prendre sa place, elle doit faire exactement ce qu'ont fait les hommes, et, si vous voulez me passer une expression vulgaire, il faut qu'elle dise : « Ote-toi de là que je m'y mette. » (*Applaudissements.*)

Il n'en est pas des idées comme des corps, et si vous me permettez une comparaison, je vous ferai sentir la différence, en m'appuyant sur une observation physique.

Il y a des sels solubles dans certains liquides; lorsque le liquide a dissous tout ce qu'il peut dissoudre de sel, il est saturé; on ne peut plus dissoudre de ce même sel; mais il y a d'autres sels qui peuvent encore être dissous par ce liquide saturé du premier sel. Eh bien, messieurs, c'est le rôle que jouent les idées et les institutions dans la société; elles viennent prendre leur place, sans rien renverser; elles n'ont besoin de rien renverser pour occuper la place qui leur est assignée. (*Applaudissements.*)

Je dois faire quelques réflexions avant d'examiner une question qui ne peut manquer de soulever certaines répugnances, surtout dans les esprits qui n'auront pas prêté une attention complète à l'expression de la pensée du Congrès.

Je vous prierai de remarquer les termes de la proposition qui vous est faite; avec combien de ménagement ces phrases sont conçues! quelle précaution! quel respect des choses établies! quel respect des autorités! Il s'agit seulement d'attirer l'attention des gouvernements sur cette question; il ne s'agit pas d'imposer des lois, de rien renverser; le Congrès respecte dans les gouvernements l'autorité qui leur est dévolue.

Il ne s'agit donc pas de demander immédiatement le renversement d'une institution qui jouit à juste titre d'une grande considération. L'armée a été et sera encore longtemps la sauvegarde de l'ordre (je désire que ses services ne soient pas absolument nécessaires). Mais est-ce à dire, messieurs, qu'il ne faille pas chercher un moyen, dans un temps plus ou moins éloigné, de faire disparaître une institution qui, de jour en jour, est moins en rapport avec les idées qui dominent dans la société?

Mon but en prenant la parole était donc d'insister sur ce point que l'intervention du Congrès dans cette question est exclusivement morale, que c'est par la persuasion, par la raison, par la logique, que le Congrès prétend exercer son influence.

Tous les termes de la proposition le disent, et d'un autre côté vous trouverez dans les termes mêmes de la proposition la preuve qu'il n'est pas entré dans les idées du comité qui a préparé cette rédaction, de provoquer des désarmements partiels, de ces désarmements qui pourraient être un jeu de dupe, permettez-moi ce mot, pour certaines nations secondaires. Il s'agirait d'un désarmement général, simultané : c'est dans cette idée que je me suis associé de tout cœur à cette proposition.

Vous avez entendu la lecture d'un mémoire dans lequel sont développées d'une manière lucide, claire, logique et bien étudiée, toutes les raisons qui militent en faveur de la proposition. Vous entendrez tout à l'heure des orateurs plus habiles que je ne le suis, qui ont creusé cette question plus que moi, et ces orateurs achèveront de faire entrer dans vos esprits la conviction que je ne pourrais pas essayer d'y faire naître.

Ma tâche serait terminée si je ne m'étais proposé un autre but encore en montant à cette tribune.

Dans une séance précédente, un membre distingué du Congrès, un homme éminent dont vous avez entendu la parole avec faveur, bien qu'il vînt combattre les pensées intimes de la plupart d'entre vous, M. Ramon de la Sagra a pris une position que je le remercie d'avoir prise, une position de franchise, de loyauté, grâce à laquelle les discussions de ce Congrès ont eu un caractère de vérité et de discussion sérieuse qu'elles n'auraient pas eu si l'on n'avait entendu que l'expression d'une seule opinion. (*Applaudissements.*)

Parmi les objections de M. Ramon de la Sagra, il en est une qui m'a vivement frappé, qui, à mon sens, serait capable d'exercer une grande influence répulsive pour nos doctrines dans le public, et c'est pour combattre cette influence que je reste encore quelques moments à cette tribune.

Après avoir examiné les différentes propositions que le Congrès a adoptées, M. Ramon de la Sagra vous a dit (je ne réponds pas de rendre exactement les termes, mais au moins le sens ) que l'établissement du système que vous proposez serait la destruction des nationalités.

Je sais qu'aux yeux de certaines opinions avancées, la destruction des nationalités ne serait pas un grand mal ; les personnes qui, se posant sur leur sommet philosophique, examinent les choses au point de vue de leurs doctrines cosmopolites, vous disent que la destruction des nationalités serait un bien ou tout au moins un fait insignifiant. Je ne puis être de cette opinion et voici pourquoi.

Qu'est-ce qu'une nationalité ? Est-ce le résultat de délimitations arbi-

traires, la réunion fortuite de quelques provinces? Ce n'est pas là, messieurs, ce qu'on peut appeler une nationalité. Les nationalités naissent
comme les fruits de la terre, elles sont enracinées dans le sol, et résultent
de toutes les circonstances locales.

Il est impossible d'admettre qu'un système qui donnerait à tous les
États une règle pour terminer leurs différends, un tribunal suprême pour
appliquer cette règle, il est impossible d'admettre que ce système détruirait
les nationalités. Nous avons des exemples de nationalités conservées dans
les plus mauvais moments, sous l'oppression, dans les circonstances les
plus défavorables, et pourquoi voudriez-vous que ce sentiment disparût
lorsque la paix va régner? Est-ce que la paix m'empêchera d'aimer ma
patrie, ma famille? Au contraire, la paix doit m'attacher de plus en plus à
mon sol. (*Applaudissements.*)

On dira que les sacrifices attachent à la patrie; mais dans tous les temps,
en paix comme en guerre, le dévouement militaire n'est pas le seul dévouement. Il y a aussi un courage civil, qui dans notre société actuelle
grandira encore. (*Applaudissements.*)

L'harmonie que vous voulez établir grandira les nationalités. Voyez
dans une nation voisine, en pleine révolution, quel principe a été mis en
avant: le respect des nationalités.

Messieurs, les œuvres de Dieu nous montrent partout l'unité dans la
variété. Vous retrouvez cette unité partout, mais cette unité ne détruit pas
la diversité, et si vous voulez me permettre de terminer par une comparaison, je dirai:

Ces honorables étrangers, qui ont passé les mers pour venir faire sur le
sol libre de la Belgique cette manifestation dont le souvenir sera durable
(*applaudissements*), pourront passer dans toutes les villes de la Belgique; ils
pourront voir à Anvers soit le Musée, soit la magnifique cathédrale où res-
plendissent les chefs-d'œuvre de Rubens; ils admireront ces pages immor-
telles, qui rayonnent de la plus brillante unité, ces pages qui vivront plus
longtemps que les toiles périssables sur lesquelles elles sont étendues. En
présence de ces magnifiques tableaux, l'unité vous frappe; l'unité rayonne
partout; unité complète, unité de couleur, unité de dessin, unité de pensée,
unité partout, de manière que la pensée entière est comprise du premier
coup. Cela empêche-t-il, lorsque vous descendez dans les détails, de
retrouver partout ce caractère, ce faire distinct, ce ton, tout ce qui constitue enfin la diversité dans cette admirable unité? Eh bien, l'ordre social
est une harmonie semblable dans laquelle tout dépendra d'un principe
unique, et où chacun peut suivre ses nobles, ses légitimes instincts.
(*Applaudissements.*)

M. LE PRÉSIDENT. — Avant d'accorder la parole à un autre orateur, permettez-moi, dans l'intérêt des travaux du Congrès, de faire une remarque. Pour pouvoir terminer ce soir, votre président veut être absolu, et il avertira les orateurs qui ne se renfermeront pas exclusivement dans la question en délibération. C'est la question du désarmement. (*Applaudissements.*)

M. SURINGAR, l'un des vice-présidents du Congrès, prend d'abord la parole en anglais. — Mes amis, il y a déjà vingt ans que je fais partie de la Société de la Paix. J'appuie cordialement les vœux de cette Société, mais je crois que le moment actuel n'est pas opportun pour proposer aux gouvernements un désarmement simultané. Mais il est un désarmement auquel nous pouvons travailler dès à présent; c'est celui des préjugés, de l'ignorance, des mauvaises passions. Il faut éclairer les peuples, les habituer à comprendre les bienfaits de la paix. L'orateur conseille la fondation d'un journal, paraissant deux fois par mois, consacré à la défense des principes que le Congrès a pour mission de faire prévaloir. L'honorable vice-président fait allusion à la tranquillité dont jouit en ce moment la Hollande, sa patrie, où la nation consacre tous ses efforts à l'amélioration de ses institutions politiques et sociales.

L'orateur exprime ensuite ses pensées en français.

M. L'ABBÉ LOVIS, chef d'institution à Bruxelles. — Je ne puis vous dissimuler, messieurs, que j'éprouve une profonde émotion en prenant la parole dans cette assemblée. En effet, en quelle qualité le ferai-je? En qualité de prêtre catholique? en qualité de Français? en qualité de Belge? en qualité d'homme de lettres, et de philosophe qui s'est occupé des questions qui vous occupent vous-mêmes? Je me le demande; mais avant tout je dois vous dire que je suis prêtre catholique; et rien, jamais rien ne me fera dévier de mes principes. (*Applaudissements.*)

Je suis Français par ma naissance. Je suis né à trois lieues de vos frontières, mais depuis dix-huit ans j'habite la Belgique; je travaille de toutes les forces de mon âme à la consolidation des intérêts de la Belgique, et je n'ai pas été, je l'espère, inutile à la fondation de son indépendance.

Homme de lettres, j'ai contribué pour une faible part, d'autres diraient pour une grande part, à l'impulsion si large, si généreuse qui emporte la jeunesse belge dans la voie du progrès, et l'y emporte si loin, que nous qui l'y avons poussée, nous en sommes étonnés nous-mêmes.

Comme philosophe, je sympathise avec vous tous, avec vos convictions. Je dois repousser quelques doctrines qui sont contraires aux miennes, non pas comme chrétien, mais comme homme. Je n'admettrai donc pas la première proposition que vous avez votée, d'une manière absolue, car je fais une distinction entre la guerre défensive et la guerre agressive.

M. LE PRÉSIDENT. — Nous ne discutons pas la première proposition.

M. L'ABBÉ LOUIS. — Aussi, je me sers du futur. Je n'admettrai pas non plus tous les arguments qui ont été posés en faveur de la question soumise ce matin au Congrès. En effet, ami de la paix avant tout, au point de vue des intérêts humains, je crois qu'il est possible d'établir la paix entre tous les hommes, mais par d'autres moyens que ceux qui ont été proposés ; je crois qu'il est possible de l'établir non par l'opinion publique, mais par la raison publique, qui est la véritable voie de Dieu, par cette autorité puissante qui règne en nous tous, en chacun de vous, messieurs, par cette raison qui est en vous, qui est celle de l'humanité et qui est la voix de Dieu, parce qu'elle sera en même temps la voix du peuple. Voilà comment il est possible de constituer un Congrès.

On a dit que ce Congrès serait impossible, moi je le crois possible, comme je viens de le dire, parce qu'indépendamment du dogme de toute croyance religieuse, il y a une raison publique répandue dans le cœur de tout homme qui a reçu la vie : la vie n'est autre chose qu'un reflet de cette lumièrequi éclaire l'humanité.

On a dit que le Congrès créerait l'anarchie, parce qu'il faudrait le suffrage universel. Mais le suffrage universel n'est pas la raison universelle. Et d'ailleurs qu'importe le mode? Dès l'instant qu'il est bien, que c'est la voix de Dieu, il faut l'accepter.

On a dit qu'il serait absurde! Mais nous sommes donc tous absurdes de songer à préparer cette grande manifestation?

M. RAMON DE LA SAGRA. — Je suis attaqué, j'aurai le droit de répondre.

M. LE PRÉSIDENT. — J'engage l'orateur à rentrer dans la question du désarmement.

M. L'ABBÉ LOUIS. — Je propose le désarmement universel ; que toutes les haines cessent, que toutes les discordes s'apaisent, que le symbole qui figure en tête de notre programme soit une vérité. ( *Applaudissements.* )

Un honorable membre, auquel je ne saurais rendre trop de justice, a dit que ce Congrès serait impossible et absurde. Je dis qu'il ne serait pas absurde.

M. RAMON DE LA SAGRA. — A la question, ou je répondrai.

M. LE PRÉSIDENT. — Je vous prie d'écouter attentivement l'orateur.

M. RAMON DE LA SAGRA. — Sur la question.

M. LE PRÉSIDENT. — M. l'abbé Louis a la parole.

M. L'ABBÉ LOUIS. — Je veux prouver que le désarmement n'est pas une chose impossible, absurde. Je suis dans la question.

Le désarmement n'est pas impossible, une arme puissante peut remplacer les armes matérielles ; c'est l'arme de la charité ; c'est l'arme de la volonté de Dieu, car lorsque ces paroles divines se sont fait entendre : « Paix sur la terre aux hommes de bonne volonté, » il n'était pas question d'armement.

Le désarmement n'est pas absurde, car, ainsi que vous l'a dit ce matin un orateur avec lequel je sympathise, il est bien certain que toute lumière qui vient éclairer l'homme en ce monde doit projeter des rayons; ces rayons ne peuvent pas égarer, ils doivent conduire dans la bonne voie, ou je vous avoue que je ne comprends plus rien à l'honneur ni à Dieu. C'est en homme de cœur, en homme de conscience, et non en théologien, que je vous parle; si la question était amenée sur ce terrain, ce n'est ni aujourd'hui, ni demain, ni après-demain que nous aurions fini.

Voilà comme je conçois le désarmement et les conséquences du désarmement. J'espère que je suis dans la question.

Le désarmement a lieu, ici, en Belgique, en France, en Allemagne, je ne ferai pas un cours de géographie, enfin le désarmement a lieu partout.

Qu'arrive-t-il? Des hommes sages se réunissent et cherchent à propager cet amour immense de paix, d'unité dans tout l'univers. Une querelle s'élève entre deux nations qui ont des intérêts divers, opposés; l'une ne veut pas céder à l'autre. Qu'arrivera-t-il? Ces nations ont des constitutions différentes; l'une a un souverain et est gouvernée despotiquement; l'autre est gouvernée constitutionnellement ou comme vous voudrez; elle a, si vous voulez, le suffrage universel. Qu'arrivera-t-il? On me dira: Le Congrès se réunira, le monde des savants se réunira pour résoudre la contestation. Mais que ferez-vous? quelle sanction aura la décision du Congrès? Voilà une difficulté. Je dis que la sanction sera dans la conscience de l'humanité, et non dans l'opinion publique, qui n'est pas la raison publique, car l'opinion publique varie; on vous l'a dit ce matin: à une époque on criait pour le Dieu bien-aimé: *Hosanna! hosanna!* et quelque temps après on criait contre lui: *Crucifiez-le! crucifiez-le!* L'opinion publique varie donc d'une semaine, d'un jour à l'autre, du matin au soir; ce n'est pas là ce que j'appelle la conscience de l'humanité. La conscience de l'humanité, c'est l'expression de la volonté, de la vérité divine, c'est la voix de Dieu, c'est le verbe de Dieu incarné en nous. Réunissez des hommes qui comprennent ces vérités, qui les appliquent, et je dis que la force de la raison publique sera plus puissante que les armes et que tous les moyens de destruction inventés par l'esprit du mal. C'est la réalisation de cette devise du moyen âge, dont on a tant abusé: *Christus venit, vicit, regnat, imperat. (Applaudissements.)*

M. SCOBLE résume en anglais le sens du discours de M. l'abbé Louis.

L'heure étant déjà avancée et plusieurs orateurs étant encore inscrits, M. Sturge, par motion d'ordre, prie, à partir de ce moment, les membres anglais présents de dispenser le bureau du soin de donner une tra-

duction des discours qui seraient prononcés en langue française. —
(*Appuyé.*)

M. ROUSSEL. — Je demanderai la permission de vous entretenir quelques
moments sur la question à l'ordre du jour, et je demanderai de vouloir
bien par un vote unanime proclamer que le moment d'un désarmement
universel est venu.

Dans l'auditoire qui m'écoute, il y a un grand nombre de personnes que
ces mots absolus vont étonner. Quoi ! dira-t-on ; désarmer tout d'un coup ?
détruire la sécurité dont nous jouissons ? faire disparaître nos garanties
vis-à-vis de l'étranger ?

Messieurs, commençons par examiner sur quoi reposent les armées,
sur quel principe se base cette habitude qui pousse à tuer leurs semblables des hommes qui seraient peu disposés à le faire s'ils n'y voyaient une
obligation. C'est la guerre qui a engendré les armées ; vous venez de condamner la guerre, vous devez condamner les armées. (*Très-bien.*)

Mais, dit-on, ce n'est pas la guerre que nous voulons par les armées ;
c'est la paix armée. La paix armée ! deux mots qui hurlent de se trouver
ensemble ! (*Applaudissements.*) C'est comme si l'on disait : Un cadavre
vivant. (*Applaudissements.*)

Tacite, je crois, a dit : Si *vis pacem, para bellum*, si vous voulez la
paix, préparez-vous à la guerre ; n'eût-il pas mieux fait de dire : Si
vous voulez la paix, préparez-vous à la paix ? Vous voulez un résultat,
et vous vous préparez pour un résultat contraire ! Voilà ce que c'est que
la paix armée ! Contradiction énorme et qui n'a vécu que parce qu'elle avait
un dicton latin pour appui.

A quoi sert la paix armée ? Vous voulez la paix, vous vous préparez à
la guerre ; vous fondez des canons, vous faites des cartouches, vous
multipliez les éléments de destruction. Mais n'approchez-vous pas
l'allumette de l'amadou ? Étes-vous bien sûrs que vous qui ne voulez pas
d'incendie, vous ne serez pas brûlés dans votre maison ? Voilà la paix
armée. (*Applaudissements.*)

Et qui pourrait s'opposer au désarmement ? Est-il quelqu'un qui puisse
désirer la guerre ? Le peuple qui paye se dit : « Je veux la paix parce
que je payerai moins. » C'est un calcul vulgaire, me dira-t-on ; oui,
mais il est ordinaire, parce que les choses matérielles de la vie sont indispensables.

Je consulterai sur le désarmement les militaires eux-mêmes, et je leur
dirai : « Est-ce avec plaisir que vous vous présentez pour tuer vos semblables ? Est-ce avec joie que vous voyez tomber les cadavres de vos
frères, que vous voyez des villes embrasées et des malheurs plus horribles
encore, dû récit desquels ma bouche ne se salira pas ? » Ils me répon-

dront : « Nous n'avons pas peur, mais nous sentons la pitié entrer dans nos âmes quand nous recevons l'ordre de tuer. »

Un cri immense répondra au désarmement : « Notre mission sur la terre n'est pas de tuer, mais de vivre et de faire vivre ! » Voilà ce que me répondra l'armée.

Mais peut-être me dira-t-on : Si vous désarmez, qu'allez-vous faire de tous ces hommes ? Eh ! mon Dieu, nos bras sont ouverts pour les recevoir. Ce sera le plus beau jour de ma vie que celui où je verrai plaider avec moi, dans un combat pacifique alors, un colonel retiré qui aura coupé ses moustaches. (*Applaudissements.*) Nous les convierons au banquet de la vie du travail ; gloire à la paix qui fait vivre, qui fait prospérer ! Voilà ce que nous leur dirons.

Le procès du désarmement est gagné ; car, je vous le demande, cette idée va-t-elle s'arrêter dans cette enceinte ? Non : il y a des militaires qui m'entendent peut-être, et leur cœur bat, la voix de la vérité va jusqu'à eux. Eh bien, si ceux qu'on représente comme intéressés dans la question, comme les adversaires naturels de la solution que nous voulons lui donner, écoutent le cri de la vérité, le cri de l'âme, le procès est gagné, le désarmement aura lieu, et tous les hommes s'embrasseront dans une foi universelle.

On vous parlera de la sécurité intérieure. Je suis loin d'admettre que la sécurité intérieure n'exige pas quelquefois une sanction matérielle, mais cette sanction est d'une autre nature que la guerre. La guerre, c'est la mort, c'est le carnage de ses frères. Je sais qu'à l'intérieur une certaine force est indispensable contre les fous et les hommes ivres ; mais cette force doit être sage, prévoyante, intelligente. La guerre n'est intelligente que pour détruire ; le plus grand tacticien du monde n'est pas autre chose qu'un sublime bourreau ; toute sa gloire ne repose que sur des monceaux de cadavres.

Le désarmement est une nécessité de la civilisation, parce que la paix est une nécessité de la civilisation ; peut-être ne le verrons-nous pas, mais sans vouloir prendre les airs d'un prophète, à coup sûr nos enfants le verront. Les hommes s'embrasseront un jour, ils ne se tueront plus. (*Applaudissements prolongés.*)

M. HENRY VINCENT, de Londres, monte à la tribune au bruit d'applaudissements prolongés. — Amis et frères, c'est le malheur de tous ceux qui viennent proposer des idées nouvelles d'être accusés de soutenir des théories irréalisables. La théorie que nous venons vous exposer est celle dont tous les hommes doivent être pénétrés par excellence, c'est la théorie de la fraternisation de la race humaine. On nous dira : « Vous n'êtes qu'une société de missionnaires enthousiastes ; vous ne nous soumettez rien de pratique, de réalisable. » Je conçois, messieurs, que l'on adresse ces reproches aux principes généraux de la théorie abstraite de la paix universelle ; mais la proposition que nous discutons en ce moment a un cachet de praticabilité immédiate qui doit lui attirer l'attention de tous. Consacrons tous nos efforts à notre sainte cause, au lieu de rester dans l'oisiveté et l'indifférence. Que l'on montre dans les promesses et dans les commandements de Dieu plus de foi qu'on n'en a fait voir jusqu'aujourd'hui !

Un orateur, qui a parlé dans cette séance, m'a fait un reproche d'avoir placé le salut de l'humanité dans l'opinion publique. Je maintiens ce que j'ai dit ; c'est l'opinion publique qui tuera la guerre ; non cette opinion publique vicieuse et vacillante dont on vous a fait le tableau, mais l'opinion publique imprégnée, pour ainsi dire, des saintes vérités du christianisme, armée des conquêtes de la science, et émanant du glorieux perfectionnement de l'intelligence humaine, basé sur l'éternelle justice. (*Applaudissements.*)

Maintenez envers et contre tous cette grande vérité, que la guerre, de quelque nom qu'on l'appelle, qu'elle soit offensive ou défensive, est totalement incompatible avec le christianisme qui nous a dit : « Aimez-vous les uns les autres, aimez vos ennemis, bénissez ceux qui vous persécutent. » Défendez cette maxime, quand même votre voix serait étouffée par les décharges étourdissantes du canon, le bruit des fers qui se croisent, les gémissements des mourants, et le monde tressaillira à votre parole et s'étreindra dans un embrassement infini. (*Applaudissements.*)

Nous disons : Si vous rejetez notre théorie générale, écoutez au moins la mesure pratique que nous vous proposons. Le désarmement ! nous ferons retentir ce mot aux oreilles des populations souffrantes, des artisans, des industriels, des commerçants qui succombent sous le fardeau des impôts, absorbés par le maintien d'une multitude improductive.

Songez au fatal système que poursuivent aujourd'hui les États. L'Angleterre augmente-t-elle son effectif militaire de quelques régiments ou de quelques vaisseaux, aussitôt il ne s'élève qu'un cri en France : « Voyez l'ambition de l'Angleterre, cette puissance astucieuse médite quelque projet d'envahissement. Tenons-nous sur nos gardes. » Et sur-le-champ la France augmente son armée. Il n'est malheureusement que trop vrai qu'à plus d'une époque de son histoire, le pays auquel j'appartiens a montré une funeste et coupable tendance à s'immiscer dans les affaires des autres nations. Si c'est la France qui ajoute quelques bataillons à son armée, l'Europe retentit de déclamations sur la politique conquérante des Français, et la terre est hérissée de baïonnettes. Atroce et déplorable politique dont les peuples sont victimes depuis tant de siècles !

Grande et glorieuse sera la nation qui prendra l'initiative du désarmement; son nom sera transmis à la postérité comme celui du premier peuple qui ait compris la mission de l'humanité. Vous, Belges, vous mériterez peut-être cet immortel honneur; et je serai heureux et fier de vous voir devancer ma patrie dans cette noble voie. Patrie! ce nom rappelle de bien doux souvenirs; l'endroit où nous vîmes le jour, l'école où nous reçûmes notre première instruction, l'église où pour la première fois nous adorâmes le Créateur, les sentiers verdoyants, témoins des premiers jeux de notre enfance, ce sont là des souvenirs que rien ne peut effacer. Eh bien! si douces que soient pour moi ces réminiscences, je déclare que j'aime mieux l'humanité que ma patrie. (*Applaudissements.*)

Amis et frères de Belgique, du centre de votre belle capitale répandons parmi les nations les premiers jets de cette source de paix et d'amour. Poursuivons notre mission dans la pleine conviction que Dieu bénira nos efforts. Repoussons à jamais la barbarie de la force brutale, et préparons l'avénement de cette ère de paix, qu'ont rêvée les poëtes et les hommes de bien de toutes les époques; et un jour viendra où la lance sera brisée par la plume, et où l'on saluera le règne de la liberté, de la justice et de l'amour. (*Applaudissements.*)

M. HUET, professeur à l'université de Gand, s'attache à démontrer que de toutes les questions soumises au Congrès, la plus pratique est celle du désarmement général; de là l'intérêt tout particulier de la discussion. L'orateur insiste sur la nécessité de répandre l'instruction parmi le peuple, et regrette de voir consacrer à des établissements improductifs des ressources qui pourraient faire descendre dans les masses les bienfaits de l'instruction et de la moralisation. Dans l'administration de la guerre il se trouve de magnifiques intelligences qu'on pourrait appliquer à poursuivre des résultats plus élevés, de manière à convertir en quelque sorte le budget de la guerre en budget de l'instruction publique.

L'orateur, après avoir maintenu que l'application des mesures en discussion implique nécessairement l'abolition de la peine de mort, nie que ce soit la force purement matérielle qui forme la sauvegarde de l'ordre social. Cette force n'est irrésistible que quand elle est unie à la force morale. Les baïonnettes sont aujourd'hui au service des idées, et des exemples éclatants nous ont prouvé que quand l'esprit national s'en est retiré, elles sont impuissantes,

Messieurs, dit l'orateur en terminant, il y a dans notre société, souvent calomniée, une foi profonde, foi religieuse et foi sociale. Les forces vives de la société ne sont pas désunies. Ayons foi dans ces paroles consolantes de l'Évangile : Cherchez d'abord le règne de Dieu, et le reste vous sera donné par surcroît. (*Applaudissements.*)

LE RÉVÉREND THOMAS SPENCER, de Bath (Angleterre), prononce un discours en anglais. Il envisage d'abord la question au point de vue religieux, et prouve, par des citations nombreuses tirées des saintes Écritures, que la guerre est opposée à la loi de Dieu. L'Ancien Testament nous apprend que Dieu ne voulut pas que son temple fût bâti par David, homme de guerre, mais par Salomon, prince éminemment pacifique; et le Messie ne porte-t-il pas le titre de Prince de la Paix?

S'adressant plus spécialement à ses compatriotes, il condamne énergiquement la profession militaire, qui, en Angleterre, n'est qu'une carrière ouverte aux fils des familles aristocratiques, et qui doit la faveur dont elle jouit aux honneurs et aux émoluments qu'elle rapporte. On embrasse si peu la carrière des armes par ardeur militaire, que si le gouvernement offrait de maintenir le traitement entier de leur grade aux officiers sans exiger qu'ils fissent leur service, les trois quarts de ces messieurs quitteraient l'armée dont on s'évertue à exalter le côté chevaleresque. L'égoïsme de quelques familles est directement intéressé au maintien de l'armée. Il y a huit jours, dit l'orateur, quand j'annonçai à une personne habitant Bath mon intention de me rendre à ce Congrès, cette personne me dit que je perdrais mon temps à déclamer contre la guerre, attendu que le maintien des armées était indispensable à l'ordre social et à la prospérité nationale. Je fus étonné d'entendre ces paroles sortir de la bouche d'un homme qui passe pour éclairé et ami du progrès; j'appris que ce monsieur avait trois fils au service, et je pus apprécier alors ce qui inspirait ses pensées belliqueuses. (On rit.)

L'orateur insiste longuement sur la nécessité, pour ses compatriotes, de donner aux travaux de la Société de la Paix un caractère plus énergique. Il ne suffit pas d'émettre des doléances stériles sur les maux de la guerre, et de justifier le titre d'apôtres de la paix universelle, en se bornant à exprimer en public des pensées généreuses et chrétiennes. L'orateur se félicite d'avoir été le collaborateur de M. Cobden depuis le début de son entreprise jusqu'à son triomphe, et exhorte ses compatriotes à imiter l'agitation pacifique de cet illustre économiste. La population de l'Angleterre succombe sous le poids des impôts causés par les guerres passées et le maintien des armements. Messieurs, dit l'orateur, vous ne mériterez la sympathie des classes inférieures que quand vous travaillerez résolûment à alléger leurs fardeaux. Il existe d'énormes abus dans le gouvernement anglais et dans le clergé anglican, que je suis le premier à reconnaître, bien que je fasse moi-même partie du clergé. Il faut combiner votre mission pacifique avec une lutte incessante contre ces abus, sinon vous ne passerez aux yeux des masses que pour des rêveurs poursuivant une chimère irréalisable. (Applaudissements.)

M. LE PRÉSIDENT. — L'heure est déjà très-avancée, et afin de pouvoir terminer nos travaux, je n'accorderai plus la parole qu'à un seul orateur, M. Reberia Roberts, gouverneur de l'État de Liberia, en Afrique.

M. RAMON DE LA SAGRA. — Je demande la parole pour une motion d'ordre. Il est bien singulier que quand un seul orateur demande la parole pour combattre une proposition, on la lui refuse. J'en appelle à la bonne foi du Congrès.

M. TH. JUSTE insiste pour que la parole soit donnée à M. Ramon de la Sagra.

L'assemblée décide que M. Roberts sera d'abord entendu.

M. ROBERTS, gouverneur de la colonie de Liberia, sur la côte d'Afrique, et mulâtre, raconte qu'il a vécu pendant plusieurs années au milieu des peuplades les plus sauvages. Il a assisté à bien des combats et ne peut qu'ajouter son témoignage à ce qui a été dit sur les horreurs de la guerre. L'orateur annonce qu'il est parvenu à empêcher la guerre entre les tribus de l'Afrique placées sous son influence, en faisant insérer dans différents traités conclus avec ces tribus une clause renvoyant tout débat à la décision du gouvernement de Liberia. Il a réussi ainsi, pendant dix ans, à empêcher la guerre d'éclater entre des peuplades sauvages, chez lesquelles elle était devenue une habitude enracinée. (*Applaudissements.*)

M. RAMON DE LA SAGRA demande la parole.

M. LE PRÉSIDENT. — Le programme qui a été arrêté d'avance, et qui est notre loi fondamentale, portait que la séance devait finir à neuf heures; nous l'avons déjà prolongée d'une heure et demie; l'assemblée veut-elle clore la discussion, ou veut-elle la continuer?

La clôture est prononcée.

M. STRINGAR exprime son regret de ce que l'assemblée n'ait pas accordé la parole à M. Ramon de la Sagra. Il en résultera des commentaires défavorables pour la Société.

LE RÉVÉREND M. SPENCER croit que le bureau et l'assemblée ont fait preuve d'une grande courtoisie à l'égard de M. Ramon de la Sagra, en lui accordant plus d'une fois la parole sur le même sujet. Toutefois, si cet orateur ou ses amis désiraient que la discussion fût reprise, l'assemblée peut le décider.

UN MEMBRE propose qu'on remette la discussion à demain. (*Bruit.*)

M. LE PRÉSIDENT met de nouveau la clôture aux voix.

La clôture est définitivement prononcée.

Le comité se retire pour délibérer sur la rédaction de la résolution à soumettre à l'assemblée.

Au bout de quelques instants, le bureau rentre en séance.

M. LE PRÉSIDENT. — Voici la résolution que le comité vous propose :

« Il y a lieu d'appeler respectueusement l'attention des gouvernements sur la nécessité d'entrer, par une mesure générale et simultanée, dans un système de désarmement, qui, en réduisant les charges des États, fasse en même temps disparaître une cause permanente d'irritation ou d'inquiétude. La confiance réciproque et l'échange des bons offices sont aussi favorables à chaque pays en particulier qu'au maintien de la paix et au développement de la prospérité des nations. »

Cette résolution est mise aux voix et adoptée à l'unanimité, moins une voix (M. Suringar).

M. LE PRÉSIDENT. — L'ordre du jour appelle la nomination du comité de rédaction pour les deux manifestes indiqués dans le programme.

L'assemblée décide que le bureau sera chargé de cette rédaction.

M. ROUSSEL. — Je demande la permission de dire quelques mots pour remercier, au nom de la Belgique, ces honorables étrangers, ces bons philanthropes, qui, pour propager des idées d'humanité, ont quitté leurs foyers, et sont venus nous soumettre des idées que nous regardons tous comme une émanation de notre propre cœur. A travers l'immensité des mers, nos mains se serreront et resteront serrées. L'Angleterre, l'Amérique, la Belgique sont désormais unies dans une seule pensée de paix et de prospérité ; nous vous aimerons comme vous nous aimez, et nous concourrons ensemble pour réaliser cette belle idée que vous êtes venus implanter parmi nous et qui ne périra pas. (*Applaudissements.*)

M. STURGE propose que le bureau nomme un comité composé de délégués de différentes nations, à l'effet de prendre des mesures pour la convocation d'un nouveau Congrès, dans un endroit et à une époque qu'il s'agira de déterminer.

M. BUCKINGHAM propose que l'assemblée vote des remerchments à M. le président, pour la manière à la fois pleine de dignité et de courtoisie dont il a dirigé les débats du Congrès.

Messieurs, dit l'orateur, j'ai assisté dans ma vie à plus de mille assemblées, grandes et petites ; et il est de mon devoir de déclarer que je n'ai jamais trouvé, chez aucun président, une réunion aussi heureuse de toutes les qualités nécessaires au président d'une assemblée, que chez celui qui a dirigé nos débats.

Il n'est aucun de nous, messieurs, qui ne regrette que le Congrès ait été de si courte durée, en présence de l'auditoire de plus en plus nombreux qu'ont attiré nos discussions. Je crois être l'organe de vous tous, mes amis Anglais et Américains, en disant que nous compterons notre visite à Bruxelles au nombre des événements les plus heureux de notre vie. Toutes les fois que nous entendrons prononcer le nom de Bruxelles, que nous verrons ce nom dans un journal, il sera pour nous, jusqu'à notre dernière heure, une source des plus douces émotions, des plus attendrissants souvenirs. (*Applaudissements*)

La motion de M. Buckingham est accueillie par un triple hourra en l'honneur de M. le président.

M. LE PRÉSIDENT.—Messieurs, vous comprendrez facilement mon embarras. Les paroles du cœur sont simples, mais je n'en trouve pas suffisamment pour vous exprimer ma profonde reconnaissance. A l'arrivée de vos délégués, j'ai trouvé des hommes bons, sympathiques, ayant les vues les plus honorables, les plus admirables, et des paroles, des sentiments qui font vibrer les cœurs, et dont le souvenir fera le bonheur de mes jours.

En acceptant le fardeau de la présidence, je m'étais dit : « La politesse, la bienveillance britanniques me rendront ce devoir moins pénible; » mais j'étais loin de m'attendre à tant de sagesse de la part d'une assemblée, à tant de bienveillance de la part de chacun de ses membres, et au talent de tant d'honorables étrangers. Un souvenir précieux et durable me restera de cette solennelle assemblée.

Je vous dirai encore quelques mots sur une idée qui se révèle en ce moment à moi. Vous avez parlé des moyens d'amener le règne de la paix sur la terre, et celui que j'ai à vous proposer, non pas en mon nom, mais j'en prends l'initiative au nom de la Belgique entière, c'est de venir renouveler bientôt dans notre capitale un Congrès semblable à celui-ci. Ce qui aurait beaucoup de prix pour nous Belges, c'est que vous vous donniez encore rendez-vous ici pour défendre la cause de la paix universelle. (*Applaudissements.*)

J'ai particulièrement des remercîments à adresser à l'honorable M. Buckingham qui m'a fort maltraité par des éloges que je suis loin d'avoir mérité. (*Nouveaux applaudissements.*)

M. EWART, membre du Parlement et vice-président, propose aux membres anglais et américains du Congrès d'exprimer leur vive reconnaissance envers la nation belge pour l'accueil on ne peut plus hospitalier qu'elle a fait aux délégués, pour les facilités qu'elle leur a offertes et la flatteuse sympathie qu'elle leur a témoignée depuis leur arrivée sur les rivages de la Belgique.

Cette proposition est accueillie par une explosion d'enthousiasme difficile à décrire; les honorables étrangers témoignent, par des hourras répétés, combien ils sont pénétrés de reconnaissance pour l'accueil qu'ils ont reçu en Belgique.

M. SCOBLE exprime personnellement sa reconnaissance pour l'accueil plein de bienveillance que la population de Bruxelles a fait aux délégués de la Société, que leur mission avait appelés en Belgique quelques jours avant l'arrivée du corps des délégués. Il insiste sur le concours zélé et infatigable que les membres belges du comité ont prêté aux travaux de la Société.

M. BURRITT prononce en anglais quelques paroles empreintes d'une vive émotion pour exprimer les sensations qu'il éprouve à la suite des sympathies qu'a rencontrées la sainte mission qui a été le but de sa vie entière. —Mes amis, dit-il, je n'oublierai jamais cette solennité. Je ne suis qu'un travailleur bien humble, bien faible, dans la cause de la paix universelle. Il y eut en Amérique un homme dont le souvenir nous est bien cher, le digne William Ladd, apôtre de la paix. Cet homme était au comble de la joie, il y a vingt ans, quand il parvenait à réunir quelques amis dans la chambre la plus modeste, pour parler avec eux de notre sainte cause. Quelle doit être mon émotion en voyant l'accueil qui nous a été fait dans cette magnifique salle! (*Applaudissements prolongés.*)

M. ALLEN, de Liskeard (Angleterre), propose à l'assemblée de voter des remercîments à MM. les vice-présidents du Congrès. Il espère qu'il se présentera bientôt une occasion où l'Angleterre rendra à la Belgique l'accueil bienveillant qui a été fait aux membres anglais du Congrès.

L'assemblée adopte la proposition.

M. STRINGAR remercie l'assemblée au nom des vice-présidents.

M. SCOBLE propose que l'assemblée vote des remercîments à MM. Bourson et Ad. Lehardy de Beaulieu, pour le zèle et le talent avec lesquels ils se sont acquittés de leurs fonctions.

Cette proposition est adoptée.

M. BOURSON remercie l'assemblée.

M. LE PRÉSIDENT. — Messieurs, avant de nous séparer, recevez encore nos remercîments. En retournant dans votre pays, puissiez-vous remporter un souvenir agréable de la Belgique! Vous avez bien voulu parler de l'hospitalité belge; mais, pour cette vertu comme en bien d'autres choses, vous êtes nos maîtres.

Je tiens seulement à constater un fait. Votre arrivée parmi nous a semblé l'aurore d'une ère nouvelle. (*Applaudissements.*) La présence solennelle des apôtres de la paix dans notre ville est un événement auquel nos populations se sont vivement intéressées. J'en prends acte, et je dis que la première pierre du temple de la Paix a été posée à Bruxelles par vous! (*Applaudissements prolongés.*)

La séance est levée à onze heures et demie.

## SOIRÉE D'ADIEU. — 22 SEPTEMBRE.

—

Pendant la journée, les honorables membres étrangers du Congrès avaient visité les monuments de Bruxelles, l'Exposition nationale de peinture et de sculpture, l'exposition des tableaux de M. Wiertz. Vers la soirée, ils avaient assisté à un concert donné en leur honneur par la Société Philharmonique au Jardin Botanique. Quelques-uns d'entre eux étaient allés sur le triste champ de bataille de Waterloo déplorer les maux de la guerre et invoquer le Dieu de paix.

Le 22 au soir, une nombreuse et brillante assemblée remplit la belle salle où avait siégé le Congrès. Le costume de plusieurs de ces étrangers, particulièrement des membres de la Société des Amis ou des *Quakers*, celui des dames qui les accompagnaient, fixaient généralement l'attention. Pendant le jour, la population s'était rangée sur leur passage, et les avait accueillis avec bienveillance. Le soir, les conversations s'entament, et l'on entend tous les dialectes de l'Europe.

Quelques membres anglais du Congrès qui va se séparer réclament le silence. Nous assistons à un *toast* britannique. M. Ewart propose un sentiment : « A la Belgique hospitalière, si bien représentée par M. Rogier, ministre de l'intérieur, et par M. Visschers, président du Congrès ! »

M. Buckingham appuie la motion, qui est couverte d'applaudissements.

M. Ad. Roussel propose le sentiment suivant : « A l'union cordiale et fraternelle des nations, et à la paix permanente et universelle ! »

Ce texte fournit à M. Vincent une nouvelle occasion de prononcer de chaleureuses paroles.

M. Lehardy de Beaulieu propose ensuite un sentiment : « Aux dames ! Puissent-elles enseigner à la nouvelle génération de tous les pays les sentiments de paix et de fraternité universelle ! »

M. Scoble, l'infatigable promoteur du Congrès, dont le zèle et le talent se sont manifestés à toute occasion pendant les derniers jours, appuie vivement cette proposition, qui trouve un écho dans toute l'assemblée.

M. Sturge, après une courte allocution, remet ensuite à M. Visschers, président du Congrès, comme gage de reconnaissance et comme souvenir, deux volumes richement reliés, contenant des mémoires sur la question de la paix.

Dans une brillante improvisation, M. Elihu Burritt rappelle les efforts longtemps infructueux des amis de la Paix, les dédains et les railleries dont ils ont été l'objet, sans qu'ils se soient laissé vaincre par le découragement. «La nombreuse assemblée, a-t-il dit, qui se presse dans cette vaste enceinte, la sympathie qu'elle témoigne aux étrangers dont elle a écouté les paroles avec bienveillance, prouvent que les doctrines de la paix n'ont pas été vainement proclamées dans cette belle cité. C'est un heureux présage pour l'avenir des idées d'humanité et de justice que nous nous sommes donné la mission de répandre dans le monde, pour le bonheur de nos semblables et la gloire de Dieu dont nous sommes tous les enfants.»

Ces paroles sont accueillies par les plus vifs applaudissements.

M. Bourson annonce que les délégués des Sociétés de la Paix, voulant laisser un souvenir de leur passage en Belgique, ont consacré une somme de deux mille francs à un concours à ouvrir sur les questions traitées pendant la durée du Congrès. Cette annonce provoque d'unanimes acclamations.

A minuit, un convoi spécial quitte Bruxelles, emportant vers Ostende les Amis de la Paix. Les membres du comité leur font un dernier adieu : l'expression des regrets est dans toutes les bouches, dans tous les cœurs. A cinq heures du matin, le bateau à vapeur *la Girafe* met au large, et le même soir, après cinq jours d'absence, la plupart des voyageurs revoyaient leurs foyers et leurs familles à Londres et dans les comtés environnants.

Peu de jours après, des adresses de félicitations et de remercîments arrivaient au comité belge d'un grand nombre de villes d'Angleterre. Des relations étaient formées, cimentées par l'estime, par le même amour de l'humanité. Quelques semaines après, M. le Ministre de l'Intérieur et M. Visschers reçurent une adresse de la *Société américaine de la Fraternité universelle*, établie à Boston.

Une même pensée, commune aux philanthropes des deux mondes, se répand dans l'univers : jamais but plus noble, plus digne, ne fut assigné à l'activité humaine. Des hommes de bien ont tracé la voie ; ils ont montré la puissance du dévouement à une grande idée ; leurs efforts persévérants et éclairés ne seront pas perdus. D'autres hommes se joindront à eux pour vaincre les obstacles qu'ils ont encore à rencontrer ; une vie nouvelle fera battre le cœur des nations ; et tous les peuples salueront de leurs acclamations de joie les gouvernements qui, renonçant à de sanglantes querelles, inaugureront par des actes empreints du véritable esprit du christianisme l'ère heureuse de la paix du monde.

# APPENDICE.

—

## Présentation de l'adresse du Congrès au premier ministre d'Angleterre.

Le bureau du Congrès avait reçu la mission d'aller présenter aux différents gouvernements d'Europe une adresse contenant les résolutions votées par cette assemblée. Les circonstances empêchèrent la réalisation de ce plan. Une audience seulement fut demandée au premier ministre de la Grande-Bretagne, lord John Russell ; la députation fut reçue le 30 octobre dernier.

La députation se composait de MM. Aug. Visschers, président du Congrès de Bruxelles ; W. Ewart, membre du Parlement, vice-président du Congrès ; Elihu Burritt, président de la Société de la Fraternité universelle aux États-Unis, vice-président du Congrès ; le révérend Henry Richard, secrétaire de la Société de la Paix de Londres, et John Scoble ; ces deux derniers représentant MM. Francisque Bouvet, membre de l'Assemblée nationale de France, et Suringar, d'Amsterdam, vice-présidents du Congrès, qui n'avaient pu se rendre à Londres.

M. Ewart présenta au premier ministre les membres de la députation.

M. Visschers lut ensuite en français l'adresse suivante :

« MONSIEUR LE PREMIER MINISTRE,
« MILORD,

« Un Congrès, ayant pour but l'organisation et l'établissement d'un système général de paix entre les peuples civilisés, s'est assemblé, au mois de septembre dernier, à Bruxelles.

« Des hommes vivant sous divers gouvernements, étrangers les uns aux autres par le lieu de leur naissance, le langage, les habitudes sociales, les convictions religieuses ou les opinions politiques, se sont réunis dans une commune pensée que leur a dictée un profond sentiment d'humanité.

« La position éminente que vous occupez dans les conseils des nations a déterminé le Congrès, dont nous sommes auprès de vous les organes, à soumettre à votre considération bienveillante les hautes et importantes questions sur lesquelles il a délibéré, et à vous prier respectueusement de porter votre examen sur les conclusions adoptées à la suite de ces débats.

« Ces conclusions sont comprises dans les résolutions suivantes :

« 1° L'appel aux armes, pour résoudre les différends internationaux, est un « usage que condamnent à la fois la religion, la raison, la justice, l'humanité et « l'intérêt des peuples. — En conséquence, c'est pour le monde civilisé un de- « voir et un moyen de salut d'adopter les mesures propres à amener l'abolition « entière de la guerre.

« 2° Il est de la plus haute importance d'insister auprès des gouvernements « pour qu'au moyen d'un arbitrage, dont les principes seraient posés dans les « traités, on termine, par voie amiable et selon les règles de la justice, les dif- « férends qui pourraient s'élever entre les nations. Des arbitres spéciaux, ou « une cour suprême internationale, prononceraient en dernier ressort.

« 3° Il est à désirer que, dans un temps prochain, un Congrès des nations, « composé de représentants de chacune d'entre elles, se réunisse pour rédiger « un code réglant les rapports internationaux. L'établissement de ce Congrès, « et l'adoption d'un code sanctionné par l'assentiment de toutes les nations, se- « raient des moyens sûrs d'arriver à une paix universelle.

« 4° Il y a lieu d'appeler respectueusement l'attention des gouvernements « sur la nécessité d'entrer, par une mesure générale et simultanée, dans un sys- « tème de désarmement qui, en réduisant les charges des États, fasse en même « temps disparaître une cause permanente d'irritation ou d'inquiétude. La con- « fiance réciproque et l'échange des bons offices sont aussi favorables à chaque « pays en particulier, qu'au maintien de la paix et au développement de la pros- « périté des nations. »

« Que pourrions-nous ajouter à ces paroles que nous avons eu l'honorable mission de vous faire entendre? Des guerres qui, depuis tant de siècles, ont désolé la terre, en est-il beaucoup qu'auraient justifiées l'équité, l'utilité ou la nécessité même? En est-il une seule dont les suites funestes n'ont point été condamnées par l'humanité et par la religion?

« L'esprit belliqueux des générations passées a légué à la plupart des na- tions, sinon à toutes, le poids accablant de dettes énormes, qui a paralysé leur industrie, arrêté l'essor de leur commerce, retardé les progrès des sciences et des arts; cet esprit belliqueux, malgré les longues années de paix dont ils ont joui, ne cesse d'entretenir entre les peuples des sentiments d'hostilité et de ja- lousie.

« L'Europe présente, en ce moment, le triste spectacle de ce que l'on appelle une paix armée; ses puissantes légions semblent toujours prêtes à entrer en campagne; dans ces douloureuses circonstances, une seule étincelle échappée du flambeau de la guerre mettrait en feu le monde entier.

« Que Dieu détourne de nous cette menaçante catastrophe!

« Les grandes questions de la paix et de la guerre sont entre les mains des hommes auxquels les destinées des peuples sont confiées. Leur responsabilité égale leur pouvoir; et tandis que le Congrès adresse ses vœux au Dieu de paix pour qu'il daigne présider à leurs conseils, il les supplie, au nom des plus chers intérêts de la civilisation, de l'humanité et de la religion, de songer sérieusement aux moyens les plus prompts et les plus efficaces d'empêcher le retour des horreurs de la guerre et d'assurer à tous les peuples les bienfaits d'une paix véritable.

« Les différends qui ont donné naissance aux maux que la guerre entraîne avec elle ont presque toujours été terminés par les mesures mêmes qui auraient pu prévenir tant de désastres : des négociations pacifiques, des concessions mutuelles, des compromis honorables ou une médiation amicale rendraient à jamais inutile le recours aux armes, dont elles n'ont cessé d'être en quelque sorte la conséquence obligée.

« Substituer en principe l'arbitrage à la guerre serait déjà un grand pas de fait : la consécration de ce principe pourrait faire l'objet de traités spéciaux entre les gouvernements; mais le progrès des saines idées politiques permet d'aller plus loin. La réunion, en Congrès, des hommes les plus éclairés et les plus éminents de tous les pays, à l'effet d'élaborer un code international qui placerait les différents États sur une base solide et stable, et l'établissement d'une haute cour des nations, dont les fonctions seraient de juger en dernier ressort les questions litigieuses entre les États, d'après les principes formulés dans le code, feraient disparaître les causes des guerres et cimenteraient une noble alliance entre les gouvernements comme entre les peuples.

« Il serait à désirer qu'en attendant ce grand résultat, on comprît la nécessité de procéder, par des mesures convenables, à un désarmement général et simultané qui, sans compromettre la dignité des gouvernements, deviendrait la garantie la plus certaine de la paix générale et du développement de la prospérité publique.

« Le Congrès n'ignore pas que la force des choses, les progrès de l'industrie moderne, les communications rendues plus faciles et plus fréquentes entre les peuples, la diffusion des lumières, un sentiment toujours plus élevé d'humanité et de sagesse, tendent à éloigner le retour des guerres; mais il n'ignore pas non plus que la généreuse initiative des gouvernements, plus puissante encore, peut seule mettre un terme à cette fatale habitude des sanglants démêlés;

« En adressant aux hommes d'État, milord, les vœux qu'il a exprimés dans ses résolutions, le Congrès a la juste et légitime confiance que ces vœux seront écoutés, et que les gouvernements, inspirés par le désir ardent et sincère d'assurer le bonheur des peuples, tiendront à les réaliser, comme l'on tient à remplir un noble et pieux devoir. »

Sa Seigneurie reprit successivement chacune des résolutions contenues dans l'adresse. Elle s'exprima en termes très-bienveillants sur les sentiments qui avaient animé l'assemblée ; elle approuva ce genre de réunions qui répandent, parmi les peuples, des idées de sagesse et de modération. Lord John Russell voulut bien insister sur ce point que si, en cas de différend avec une nation, celle-ci proposait à la Grande-Bretagne d'en référer à un arbitrage, le gouvernement anglais croirait toujours de son devoir de prendre en sérieuse considération une semblable demande.

La députation se retira reconnaissante de l'accueil que lui avait fait le premier ministre du Royaume-Uni.

---

## Conférence à la Halle du Commerce.

Le 31 octobre au matin, une conférence s'ouvrit à la Halle du Commerce, entre les délégués des sociétés anglaises de la Paix et de la Fraternité universelle, pour y traiter différents points. Environ quatre-vingts personnes assistaient à cette réunion. L'ordre, le calme, le sérieux des délibérations, ont frappé le visiteur étranger de qui nous tenons cette relation.

L'assemblée prit diverses résolutions.

1° Elle approuva les résolutions adoptées par le Congrès de Bruxelles.

2° Elle émit le vœu qu'un second Congrès s'ouvrit l'année suivante, et témoigna le désir que le siège du Congrès fût Paris, et l'époque fixée dans la troisième semaine du mois d'août. La fixation de cette époque avait surtout pour but de permettre aux citoyens des États-Unis qui viendraient à Paris pour le Congrès de s'en retourner avant les tempêtes de l'équinoxe.

3° Elle nomma un comité composé de membres des deux sociétés pour s'entendre sur ces objets avec le comité de Bruxelles.

4° Elle déclara ouvrir une souscription publique, parmi les adhérents du principe de la paix, d'une somme de 5,000 livres sterling (plus de 125,000 fr.); somme reconnue nécessaire pour couvrir les dépenses prévues de la Société.

C'est un trait caractéristique des mœurs anglaises, que l'empressement que chacun met à contribuer, par sa cotisation, à l'avancement et au succès de ses idées.

## Grand meeting public de Londres.

Le comité de Londres avait fixé au 31 octobre, au soir, dans la vaste salle d'Exeter-Hall, une assemblée publique des Amis de la Paix. M. Visschers et les autres membres du bureau du Congrès de Bruxelles, présents à Londres, y assistèrent, et y reçurent les honneurs de la séance.

La réunion s'ouvrit par un discours du président de la Société, M. Charles Hindley, membre du Parlement.

M. Scoble rendit compte des séances du Congrès de Bruxelles et des résolutions qui y avaient été arrêtées; de l'accueil très-bienveillant que la députation du Congrès avait reçue la veille du ministre lord John Russell. Son exposé fut couvert d'applaudissements.

M. Bowley, de Gloucester, proposa, par une motion, d'approuver les actes du Congrès de Bruxelles; de rendre à Dieu des actions de grâces pour la sagesse et pour l'unanimité qui avaient distingué ses délibérations; en même temps de saluer, par des acclamations, la présence de M. Visschers et des vice-présidents du Congrès.

Suivant l'usage, cette motion fut appuyée par un membre de l'assemblée. M. le docteur Bowring, dont les nombreux travaux, l'activité et l'éloquence sont connus dans la plupart des États d'Europe, se chargea de ce soin.

La motion, mise aux voix par le président, fut adoptée à l'unanimité, au milieu de grandes marques de bienveillance et de sympathie de l'assemblée.

M. Visschers répondit en français par quelques mots que M. le docteur Bowring traduisit pour l'assemblée. « Le Congrès de Bruxelles, dit M. Visschers, a donné une nouvelle confirmation au principe que nul ne peut se faire justice à soi-même. Ce qui est vrai des individus l'est aussi des peuples. » Dans les premières années de sa carrière, l'orateur s'est élevé, dans ses écrits, contre l'absurde préjugé du duel. Agrandissant la question, il ne veut aujourd'hui cesser de s'élever contre les duels entre les peuples. (*Applaudissements.*) Après avoir rendu hommage aux qualités qui distinguent le peuple anglais, en particulier à la sagesse qu'il a remarquée dans les délibérations de la Société de la Paix, aux lumières et au talent des hommes qui dirigent les travaux de cette société, il dit que probablement un jour il se retrouvera dans d'autres capitales, dans d'autres Congrès, avec les Amis de la Paix universelle d'Angleterre. « Nous pourrons compter, ajoute-t-il, l'un sur l'autre; et nous rappelant un mot célèbre d'un des plus grands héros de l'Angleterre, tous nous saurons faire notre devoir! » (*Applaudissements.*)

MM. Ewart, Burritt, et quelques autres membres, prirent ensuite la parole. Mais pour reproduire le genre d'éloquence, la véritable éloquence, que développent dans ces assemblées des hommes éminents appartenant à une nation depuis longtemps familiarisée avec toutes les pratiques des peuples libres, nous devrions donner textuellement tous ces discours publiés par la presse anglaise, distribués jusque dans les chaumières en Angleterre et aux États-Unis. Nous ne signalerons qu'un incident qui égaya l'assemblée et qui servit aux allusions de plus d'un orateur.

M. Josselin, jeune magistrat français, revêtu de l'uniforme de garde national, arrivé récemment à Londres, avait pénétré dans l'assemblée, et avait été conduit tout aussitôt sur l'estrade, où des applaudissements unanimes avaient témoigné des sentiments de bonne intelligence et de sympathie qui animent la nation anglaise à l'égard de la France. La présence d'un homme armé dans cette réunion pacifique, dans un pays où le militaire marche désarmé dans les rues, suggéra plus d'un contraste, plus d'une réflexion piquante sur l'invasion présumée des Français dans la Grande-Bretagne, que quelques esprits chagrins avaient sans motifs prophétisée quelques mois auparavant.

L'assemblée se sépara après avoir voté des remerciments à son président, M. Charles Hindley, qui avait fait plus de deux cents milles pour assister à cette réunion, et qui n'aurait pas regretté, disait-il, dans ce moment, d'en avoir parcouru deux mille.

<hr>

## Meetings de Birmingham et de Manchester.

Les Amis de la Paix témoignèrent à M. Visschers le désir de lui montrer, dans quelques villes de province, l'esprit qui animait, en général, les populations en faveur de la cause de la paix.

Il y a peu d'années encore, l'industrie de Birmingham se concentrait presque entière dans la fabrication des armes de guerre. C'est encore une des branches principales d'industrie de cette ville. Une grande réunion avait été convoquée le 2 novembre au soir, dans la vaste salle de la ville (*Town-hall*); plus de six mille personnes, dont un grand nombre appartenaient à la classe ouvrière, se pressaient dans cette enceinte. On y remarquait le président, M. Cadbury, vénérable vieillard, appartenant à la Société des Amis; M. Joseph Sturge, philanthrope distingué; le révérend M. Angel James, ministre de l'Évangile, et d'autres personnages.

L'assemblée accueillit par ses applaudissements MM. Visschers, Ewart, Bowring, Burritt et Scoble, partis le matin même de Londres. MM. Sturge, Angel James et Bowring haranguèrent l'auditoire. M. Angel James, dans une improvisation faite avec chaleur et dont rien ne peut rendre l'effet, parla des travaux du Congrès de Bruxelles, des résultats que ces travaux préparaient. « Ce n'est encore, disait-il, qu'une faible lumière; mais elle finira par illuminer le monde ! » Il complimenta le président belge, et lui serra la main au milieu des acclamations de l'assemblée.

« Il y a quelques années, dit M. Visschers, qu'un étranger dont le nom était obscur est venu dans cette cité pour y étudier non-seulement ses institutions municipales d'instruction et de charité, mais encore son industrie si active et si florissante. Il portait, dans cette visite, d'autant plus d'attention et même d'affection que, dans son pays, il appartient à une ville (Liège) que l'on a surnommée le Birmingham belge. (*Applaudissements.*)

« Quelques années après, ce même étranger a été élu président du premier Congrès de la Paix qui se soit tenu sur le continent européen ; et tout récemment il a eu l'honneur d'être reçu par le premier ministre de l'Angleterre, dont l'accueil a été parfaitement poli et bienveillant.

« Je croyais ma mission dès lors remplie ; mais notre ami à tous, M. Joseph Sturge, a voulu me faire assister à une réunion des Amis de la Paix de la ville qu'il habite. J'ai accepté avec empressement cette invitation ; et, en revenant à Birmingham, je me félicite d'y voir les esprits aussi tranquilles, et les bras aussi occupés. (*Applaudissements.*) Dans toute l'Europe il n'y a malheureusement que deux pays qui jouissent, en ce moment, d'une complète tranquillité : la vieille Angleterre et la jeune Belgique. »

En terminant, l'orateur dit que, de retour dans ses foyers, il redira à ses frères de Liège la réception que lui ont faite ses frères de Birmingham.

Cette allocution, que nous ne reproduisons qu'en partie d'après les journaux anglais, fut traduite pour l'assemblée, phrase par phrase, par M. le docteur Bowring. La population ouvrière qui remplissait la salle témoigna, par ses acclamations, des sentiments de bienveillance dont elle était pénétrée.

Les discours de MM. Burritt, Ewart et de quelques autres orateurs, remplirent cette soirée, remarquable comme témoignage des progrès d'un peuple dont la classe laborieuse est aussi intelligente que sympathique.

Le lendemain, 3 novembre, une réunion nombreuse remplissait la salle dite *Town-hall* de Manchester. Les mêmes visiteurs étrangers étaient présents. On remarquait sur l'estrade MM. Kershaw, membre du Parlement, président ; Charles Hindley, membre du Parlement ; Joseph Sturge, Henry Vincent de Londres, et d'autres notabilités.

Le révérend M. Peters fit, à l'appui des résolutions du Congrès de Bruxelles, une motion tendante à y faire donner l'assentiment de l'assemblée. Il y joignit des paroles de félicitations pour les membres du bureau de ce Congrès présents à la réunion.

MM. Ewart, Bowring et Scoble parlèrent successivement.

Dans un discours traduit par M. le docteur Bowring, M. Visschers remercia l'assemblée. « Après un intervalle de plusieurs années, dit-il, je salue de nouveau cette grande cité de Manchester dont le monde entier admire le développement industriel. Je redirai à mes compatriotes la réception que nous a faite votre premier ministre ; mais j'aurai quelque chose encore de plus intéressant à leur raconter : les grands enseignements que j'ai puisés à Exeter-Hall, à Birmingham, à Manchester. » Se reportant à son pays, l'orateur rappelle qu'il a été malheureux sous les gouvernements espagnol, autrichien, français, hollandais. La Belgique n'est vraiment heureuse que depuis qu'elle est libre et indépendante. M. Visschers raconte en peu de mots comment, dans le conflit qui s'était engagé entre la Hollande et la Belgique, les deux parties contendantes avaient eu recours à la médiation de la France et de l'Angleterre. Une conférence s'ouvrit à Londres pour régler les affaires belges; c'est à un *arbitrage*, à une décision d'un tribunal supérieur, et non au hasard des armes, que la Belgique doit son rang parmi les peuples. (*Applaudissements.*) La guerre même lui est interdite; elle doit soumettre à un arbitrage les différends qu'elle pourrait avoir avec d'autres nations. Il émet le désir que les grandes puissances, l'Angleterre, la France, l'Autriche, la Prusse et la Russie, qui si à propos ont su faire application de l'arbitrage, adoptent pour elles-mêmes et entre elles cette règle. (*Rires et applaudissements.*) Avec l'aide des Amis de la Paix d'Angleterre et des États-Unis, il espère faire plus d'une conquête pacifique dans des territoires étrangers, et il leur donne rendez-vous pour l'année prochaine à Paris.

Les discours de MM. Prentice, Hindley, Burritt, Henry Vincent, orateur aimé du public et dont l'éloquence est ardente et sympathique, et les remerciments adressés au digne président, M. Kershaw, terminèrent la séance.

---

## Motion de M. Richard Cobden au Parlement, pour l'adoption du principe de l'arbitrage dans les traités internationaux.

M. Richard Cobden, l'un des chefs de la ligue pour la liberté du commerce des céréales, avait annoncé le projet de faire une motion au Parlement, afin d'inviter le gouvernement à insérer, dans tous les traités qu'il conclurait avec d'autres États, une clause qui oblige les parties, en cas de différends, à se soumettre à un arbitrage. C'est la raison, le droit, substitués au hasard, à la violence.

Les Amis de la Paix, et en particulier MM. Elihu Burritt et Henry Richard, parcoururent un grand nombre de villes d'Angleterre et d'Écosse, assistant partout à des meetings publics. En peu de semaines, plus de 150 meetings avaient été réunis pour appuyer la motion annoncée par M. Cobden. Le jour (12 juin) que cet honorable orateur développa sa proposition, environ 1,000 pétitions couvertes de 200,000 signatures avaient été présentées à la Chambre des Communes pour en demander l'adoption.

C'était la première fois que les doctrines des Amis de la Paix franchissaient le seuil d'une assemblée législative.

Il ne peut entrer dans notre cadre d'analyser cette discussion; il nous suffira de rappeler que *soixante et dix-neuf* membres se levèrent pour appuyer la motion. Lors de la première présentation de la loi sur les céréales, elle n'avait réuni que quatorze suffrages !

—

## Jugement du concours par l'Académie royale de Belgique.

Le comité permanent du Congrès de la Paix, ayant publié un programme du concours ouvert par la libéralité des Sociétés anglaises et américaines de la Paix, s'adressa à la classe des lettres de l'Académie royale des sciences, des lettres et des beaux-arts de Belgique, en la priant de vouloir bien remplir les fonctions de juge de ce concours.

L'Académie accepta cette mission en termes fort bienveillants, et nomma commissaires pour l'examen des mémoires trois de ses membres : MM. Leclercq, procureur général à la Cour de cassation ; De Decker, membre de la Chambre des représentants, et Moke, professeur à l'université de Gand.

Vingt-deux mémoires étaient parvenus dans le délai fixé par le programme. Après le terme de rigueur (1er juin 1849), deux autres mémoires transmis tardivement n'ont pu être soumis à l'Académie.

Les commissaires, par l'organe de M. Moke, ont fait leur rapport dans la séance de la classe des lettres du 6 août suivant. Ce rapport, rempli de considérations élevées, analyse tous les mémoires.

L'Académie, adoptant à l'unanimité les conclusions de ses commissaires, a décerné le prix de 1,000 francs à l'auteur du mémoire n° 21, portant pour épigraphe : *C'est de la manière dont on s'y prend pour faire une chose, que dérive le succès de l'entreprise que l'on a faite.*

L'ouverture du billet cacheté a fait connaître que l'auteur de ce mémoire est M. Dara, avocat, demeurant à Mons ( Belgique ).

Le second rang appartient au mémoire n° 2, ayant pour devise : *Aimez-vous les uns les autres.*

Le troisième rang est assigné au mémoire n° 22, portant pour épigraphe : *L'idéal n'est que la vérité à distance.* (De Lamartine.)

Le comité permanent du Congrès, après avoir décidé que les auteurs de ces mémoires avaient droit à la seconde somme de 1,000 francs allouée par les Sociétés anglo-américaines, a décacheté les billets.

L'auteur du mémoire n° 2 est M. Alexandre-Henri Crocneraux, étudiant en droit à l'université de Liége.

L'auteur du mémoire n° 22 est M. Édouard Monnisse, attaché au ministère des affaires étrangères, à Bruxelles.

Ces résultats seront proclamés solennellement à la prochaine session du Congrès de la Paix, qui se réunira à Paris.

Nous avons suspendu l'impression de ce compte rendu pour annoncer ces résultats, qui couronnent dignement une année employée avec fruit par les Amis de la Paix pour répandre leurs doctrines et atteindre le but assigné à leurs efforts.

FIN.

# TABLE DES MATIÈRES.

APPENDICE.



FIN DE LA TABLE.

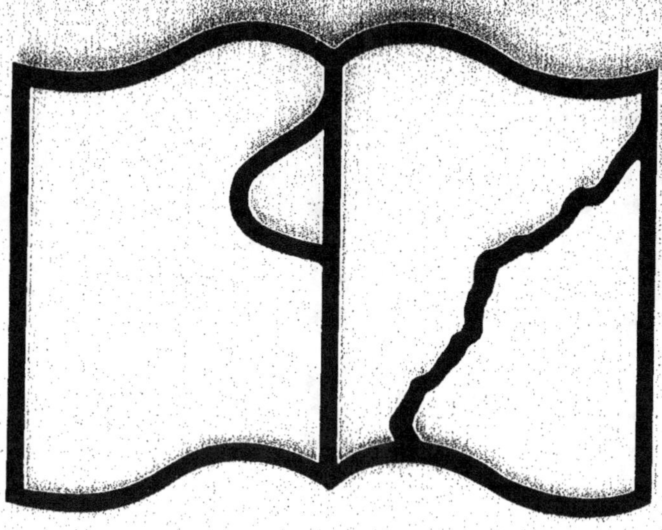

Texte détérioré — reliure défectueuse

**NF Z 43-120-11**